lonely planet

BOSTON

EN QUELQUES JOURS

MARA VORHEES

Sommaire

Préparer son séjour 4

Public Garden (p. 64)
F11PHOTO/SHUTTERSTOCK ©

Explorer Boston 31

Vaut le détour

Carnet pratique 147

Coups de projecteur

Bienvenue à Boston

Les rues sinueuses de Boston fleurent la révolution et le renouveau ; aujourd'hui encore, la ville est tournée vers l'avenir. Quand bien même chaque pas y conduit à un site historique, elle reste une cité vivante, à la scène artistique dynamique, à l'urbanisme de pointe et au milieu intellectuel varié, riche de culture.

Charles River Esplanade (p. 112)
SEAN PAVONE/SHUTTERSTOCK ©

Les incontournables

JULIEN HAUTCOEUR/SHUTTERSTOCK ©

Boston Public Library

Bibliothèque renfermant des trésors d'œuvres d'art. **p. 106**

LUIS ENRIQUE TORRES/SHUTTERSTOCK ©

Trinity Church

L'œuvre la plus aboutie de l'architecte Henry Hobson Richardson. **p. 108**

Fenway Park

Le stade de base-ball le plus apprécié des États-Unis. **p. 126**

ISRAEL PABON/SHUTTERSTOCK ©

Museum of Fine Arts

Musée d'art éclectique et encyclopédique. **p. 122**

Isabella Stewart Gardner Museum

L'étonnante collection d'art d'une connaisseuse. **p. 124**

APHOTOSTORY/SHUTTERSTOCK ©

MARK ZHU/SHUTTERSTOCK ©

S.GREG PANOSIAN/GETTY IMAGES ©

ROMAN BABAKIN/GETTY IMAGES ©

Public Garden

Une oasis de verdure et de sérénité. **p. 64**

Harvard

L'illustre université et son cœur historique, Harvard Yard. **p. 134**

Massachusetts Institute of Technology

Science de pointe
et art innovant. **p. 136**

Institute of Contemporary Art

Un pionnier de l'art
contemporain de Boston. **p. 76**

ARCHITECT: FRANK GEHRY/SCULPTURE: AESOP'S FABLES BY MARK DI SUVERO. PART OF MIT'S PUBLIC ART COLLECTION / CDRIN/SHUTTERSTOCK ©

ARCHITECT: DILLER SCOFIDIO + RENFRO; KALIM SALIBA/SHUTTERSTOCK ©

ALLAN WOOD PHOTOGRAPHY/SHUTTERSTOCK ©

GRANT POWERS/SHUTTERSTOCK ©

Boston Harbor Islands

Un archipel
en Nouvelle-Angleterre. **p. 88**

Boston Common

Le poumon vert historique
de Boston. **p. 60**

Se restaurer

C'est dans la région de Boston, aux récoltes automnales abondantes, que l'on fêta pour la première fois Thanksgiving. la ville est aussi la capitale américaine des fruits de mer. En ces temps d'innovation culinaire, de nombreux Bostoniens revendiquent leurs racines en privilégiant les produits locaux, bio et de saison.

"Beantown"

Boston est surnommée la "ville des haricots". Les historiens culinaires pensent que les Amérindiens faisaient cuire les haricots avec de la viande d'ours et de la mélasse dans des pots en terre cuite. Les premiers colons ont probablement adapté cette recette en remplaçant l'ours par du porc, ce qui a donné les fameux haricots au lard de Boston, absents de la plupart des cartes de nos jours.

Influences internationales

Les influences internationales de la gastronomie bostonienne ne sauraient être sous-estimées. Le North End, enclave d'immigrés très soudés, est un bastion de la cuisine italo-américaine traditionnelle, avec des *ristoranti* et des *pasticcerie* à tous les coins de rue. Au XXe siècle, une nouvelle vague migratoire a apporté les saveurs du Brésil, de Chine, d'Inde, de Corée et du Vietnam.

Poissons et fruits de mer

Influencée par son environnement, la cuisine de Boston a toujours été riche en produits de la mer, notamment la morue, le flétan et les crustacés. Le homard – jadis si abondant qu'il était servi aux prisonniers – apparaît sur la plupart des cartes locales. Maints restaurants ont des comptoirs à fruits de mer, où huîtres et palourdes locales sont présentées en demi-coquilles.

DARRYL BROOKS/SHUTTERSTOCK ©

Petits prix

El Pelon Tacos au poisson pas chers et délicieux. (p. 129)

Eventide Fenway Huîtres à petit prix. (p. 129)

Poisson et fruits de mer

Saltie Girl Goûtez les délices de ce bar à fruits de mer. (p. 115)

Row 34 Huit sortes d'huîtres, cinq sortes de poissons ; fruits de mer à gogo. (p. 83)

Italien

Pomodoro L'adresse la plus romantique de Hanover St. (p. 52)

Coppa Enoteca Une *enoteca* (bar à vins) haut de gamme dans le branché South End. (p. 99)

Asiatique

Gourmet Dumpling House Souvent bondé, mais les raviolis en soupe justifient l'attente. (p. 99)

Myers + Chang De petites assiettes pour déguster un large choix de plats d'inspiration asiatique par la célébrité locale Joanne Chang. (p. 100)

Brunch

Beehive Jazz et œufs *shakshuka*. (p. 101)

Paramount Une adresse familiale à l'ancienne. (p. 69)

West End Johnnies Sa recette du bonheur : JC's corned-beef hash and eggs et reggae live. (p. 55)

Pourboire

Dans les restaurants avec service à table, il convient de laisser 15% de pourboire pour un service correct et 20% pour un bon service. En deçà, vous marquez votre insatisfaction.

Prendre un verre et faire la fête

Malgré les racines puritaines de Boston, ses habitants aiment à boire. Si les pubs irlandais ne manquent pas, de plus en plus de microbrasseries ouvrent avec l'essor de la bière artisanale. Le vin, lui, attire une population de connaisseurs et les cocktails ont le vent en poupe, avec pour ambassadeurs de talentueux barmen. À vous de choisir.

Où prendre un verre

Bistros de quartier, bars irlandais, bars sportifs et bars à cocktails tendance sont les quatre grandes catégories d'établissements de Boston. Si les bars à bière et les brasseries locales ne manquent pas de nos jours, tous les établissements précités proposent aussi bières artisanales pression ou bouteilles importées.

Outre les omniprésents Dunkin' Donuts, on trouve une multitude de jolis cafés servant, pour beaucoup, de délicieux sandwichs et pâtisseries. Nombre d'entre eux proposent le Wi-Fi gratuit, une incitation de plus à s'attarder.

Où danser

Le Theater District est la première destination pour aller danser. Boylston St est l'artère principale, mais d'autres adresses ponctuent ce quartier dans le vent. Back Bay, Fenway, Cambridge et Downtown comptent aussi quelques clubs.

Cocktails

Drink Remettez-vous-en aux mixologues. (p. 86)

Yvonne's Les délicieux cocktails s'alignent sur le superbe bar en acajou. (p. 85)

Ward 8 Bar du West End qui sert le cocktail éponyme et bien d'autres. (p. 54)

Bière

Trillium Fort Point Le tout nouveau bar d'une brasserie ancienne. (p. 86)

Bukowski Tavern D'innombrables sortes de bières et un service fort en caractère. (p. 116)

ADAM GLANZMAN/STRINGER/GETTY IMAGES ©

Cafés

Thinking Cup Café délicieux et pâtisseries irrésistibles, juste en face de Boston Common. (p. 87)

Bars sportifs

Bleacher Bar Gros sandwichs et bières de Boston, avec vue sur Fenway Park. (en photo ; p. 130)

Caffé Dello Sport Le bar sportif à l'italienne. (p. 55)

West End Johnnies Bar sportif haut de gamme près du TD Garden. (p. 55)

Avec vue

Lookout Rooftop Bar Fabuleuse vue sur le port et ses environs. (p. 86)

Pier Six Regardez le soleil se coucher derrière les gratte-ciel. (p. 38)

Trillium Fort Point Profitez du panorama depuis le toit-terrasse. (p. 86)

LGBTQ+

Club Café Dîner, danse, karaoké et cabaret gay, de quoi passer un bon moment. (p. 116)

Danse

Lansdowne Pub Des groupes de reprises les vendredis et samedis soir. (p. 130)

Good Life Trois bars et deux pistes de danse : à vous de choisir. (p. 87)

Aller en boîte

- L'entrée en club coûte généralement de 15 à 30 $.
- La plupart des clubs appliquent un code vestimentaire.
- Inscrivez-vous en ligne sur la *guest list*.

Sortir

Ville d'art et de culture, l'Athènes d'Amérique compte, outre un orchestre symphonique de renom mondial et des compagnies de théâtre et de danse de premier ordre, son lot de clubs de rock, de slameurs et d'artistes avant-gardistes, ainsi que des équipes sportives soutenues par des supporteurs inconditionnels.

Musique

La ville du Boston Symphony Orchestra (p. 131) et du New England Conservatory of Music possède certaines des salles de musique symphonique les plus anciennes et les plus prestigieuses du pays.

La scène musicale moderne de Boston se concentre autour des quartiers étudiants de Cambridge et d'Allston/Brighton. La scène jazz est aussi florissante, soutenue par les étudiants et les professeurs du Berklee College of Music. Consultez les sites Internet des clubs et *Dig Boston* (www.digboston.com). La plupart des concerts sont réservés aux 21 ans et plus.

Théâtre

Le Theater District accueille les grandes représentations d'opéra, de danse et de théâtre. Les scènes les plus innovantes sont installés à Cambridge et dans le South End. Le Boston Ballet (www.bostonballet.org) se produit à la Boston Opera House (en photo ; p. 87), ainsi que dans le Theater District. Deux compagnies d'opéra – Boston Lyric Opera (www.blo.org) et Odyssey Opera (www.odysseyopera.org) – se produisent à travers la ville.

Humour

De grands noms américains de l'humour sont originaires de Boston, notamment Conan O'Brien, Jay Leno et Denis Leary. Le Wilbur Theatre (p. 102) est la première scène humoristique de la ville, mais des talents

STAN TESS/ALAMY STOCK ©

locaux se donnent en spectacle dans diverses petites salles.

Rock

Sinclair Une salle forte de ses groupes indés, près de Harvard Sq. (p. 144)

House of Blues Les grands noms s'y produisent. (p. 131)

Jazz et blues

Wally's Café Vous n'aurez pas le blues longtemps dans ce club mythique. (p. 101)

Red Room @ Cafe 939 Du jazz, du blues et tout genre de musique expérimentale. (p. 117)

Beehive En sous-sol, un air de club de jazz parisien des années 1920. (p. 101)

Théâtre

American Repertory Theater Des interprétations de comédies musicales classiques récompensées par les Tony Awards. (p. 144)

Huntington Theatre Company Récent lauréat du Regional Theatre Tony Award. (p. 131)

Boston Center for the Arts Le théâtre d'une multitude de compagnies indépendantes, dont l'excellente Company One. (p. 101)

Humour

Improv Asylum Humour noir dans un sous-sol sombre. (p. 55)

Wilbur Theatre De grands noms nationaux s'y produisent. (p. 102)

Vaut le détour

Le "ghetto étudiant" à l'ouest du centre réunit certains des meilleurs clubs de musique de Boston, dont le **Great Scott** (www.greatscottboston.com), le **Brighton Music Hall** (www.crossroadspresents.com) et le **Paradise Rock Club** (www.crossroadspresents.com).

Shopping

Boston compte librairies, galeries d'art et disquaires de qualité, et des boutiques originales, proposant trésors vintage ou créations locales, en jalonnent les rues. Outre des vêtements au style unique, les commerces indépendants vendent des bijoux artisanaux et des souvenirs décalés. Ici, on prend plaisir à faire les magasins, même sans acheter.

Mode

Les fashionistas continuent de s'inspirer de New York, mais quelques créateurs locaux cherchent à faire de Boston un centre de la mode. Le style est ici globalement plus simple et plus aisé à arborer que ce que l'on peut voir dans le magazine *Vogue*.

Alimentation

Certains des meilleurs souvenirs à rapporter de Boston sont alimentaires. Sirop d'érable, fromages et chocolats artisanaux, et produits aux *cranberries* font partie des classiques de Nouvelle-Angleterre. Des produits italiens et asiatiques de toutes sortes sont respectivement vendus dans le North End et à Chinatown.

Art et artisanat local

Boutiques, galeries et marchés locaux sont la vitrine de la scène artistique dynamique de Boston. Tantôt excentriques, tantôt ingénieuses, voire chics, les œuvres artisanales locales sont difficiles à classer mais faciles à apprécier.

Mode

Salmagundi Des couvre-chefs pour tous les styles. (p. 56)

Sault New England Vêtements branchés et souvenirs originaux, dans le South End. (p. 103)

Vêtements de sport

Converse at Lovejoy Wharf Les tennis emblématiques dans toutes les versions imaginables. (p. 57)

Marathon Sports Achetez des baskets sur la ligne d'arrivée du marathon de Boston. (p. 118)

WANGKUN JIA/SHUTTERSTOCK ©

Livres

Harvard Book Store
Excellente librairie, accueillant de fréquentes conférences et discussions avec des auteurs. (en photo ; p. 145)

Brattle Book Shop Trésor de livres d'occasion, avec une bonne section sur l'histoire locale. (p. 86)

Trident Booksellers & Café
Entre délices et étagères bien fournies on a vraiment ici tout motif à s'attarder. (p. 118)

Alimentation

Cardullo's Gourmet Shoppe
Un fabuleux choix de produits spécialisés. (p. 145)

Boston Public Market
Délices locaux tels que noix, chocolat, bières et bien d'autres. (p. 84)

Beacon Hill Chocolates
De divines friandises dans des emballages artistement conçus. (p. 71)

Art et artisanat local

SoWa Open Market
Le plus grand et le meilleur marché d'artistes de la ville. (p. 103)

Cambridge Artists Cooperative Galerie de pièces artisanales raffinées sur deux niveaux. (p. 145)

TVA

Dans le Massachusetts, il n'y a pas de TVA sur les achats de vêtements jusqu'à 175 $, une bonne excuse pour succomber à ses envies. Au-delà de cette somme, la taxe est de 6%.

Avec des enfants

DOMINIONART/SHUTTERSTOCK ©

Boston s'apparente à un musée d'histoire géant, propice à maintes sorties ludiques et éducatives. Les circuits dans les rues pavées, animés par des guides costumés, donnent vie aux événements de l'histoire américaine, tandis que les musées interactifs se prêtent à apprendre en s'amusant.

Histoire

USS Constitution Museum Explorez le navire de guerre et mettez-vous dans la peau d'un marin. (p. 36)

Boston Tea Party Ships & Museum Vivez cette révolte historique. (photo ci-dessus ; p. 80)

Old South Meeting House Découvrez ce bâtiment historique lors d'une chasse aux trésors. (p. 80)

Musées

Museum of Science D'innombrables occasions d'apprendre en s'amusant. (p. 50)

New England Aquarium Retrouvez-vous nez à nez avec des milliers d'espèces marines. (p. 83)

Boston Children's Museum Ici, les enfants escaladent, construisent et créent (p. 82)

Aventures

Boston Harbor Islands Nagez, randonnez et explorez. (p. 88)

New England Aquarium Whale Watch Vous êtes presque certain d'apercevoir des baleines. (p. 83)

Public Garden Naviguez sur le lac en *swan boat*. (p. 64)

Circuits organisés

Boston by Foot Les seuls circuits sur le Freedom Trail destinés aux enfants. (p. 22)

Boston Duck Tours Affrontez les eaux tumultueuses de la Charles River. (p. 22)

Gratuité et réductions

- Le métro est gratuit pour les moins de 11 ans, à moitié prix au-delà.
- Les enfants profitent de réductions pour la plupart des musées et activités. Les musées d'art sont gratuits pour les moins de 17 ans (le soir et le week-end seulement au MFA).

Musées

JAMES KIRKIKIS/SHUTTERSTOCK ©

Les jours de pluie, les nombreux et excellents musées de Boston sont là pour vous distraire, vous cultiver et vous garder au sec.

Musées de sciences

New England Aquarium Tout l'univers marin et côtier. (p. 83)

Museum of Science Des centaines d'expositions et d'expériences pour réveiller le scientifique en vous. (photo ci-dessus ; p. 50)

Musées d'art

Museum of Fine Arts Le meilleur musée de Boston dédié à l'art à travers les siècles et le monde. (p. 122)

Institute of Contemporary Art Parfois spectaculaire, parfois étrange, mais toujours stimulant. (p. 76)

Isabella Stewart Gardner Museum Superbe palais vénitien rempli d'art. (p. 124)

Harvard Art Museums Trois fabuleux musées sous un même toit. (p. 142)

Musées d'histoire

Boston Tea Party Ships & Museum Un musée interactif qui permet de revivre les événements révolutionnaires. (p. 80)

Old State House Objets d'époque et expositions intéressantes, axées surtout sur le massacre de Boston. (p. 80)

USS Constitution Museum Pour tout savoir sur la vie d'un marin en 1812 et l'US Navy. (p. 36)

John F. Kennedy Presidential Library & Museum L'héritage du 35e président américain. (p. 82)

Old South Meeting House Découverte des moments clés de l'histoire de Boston aux sources de la Boston Tea Party. (p. 80)

Histoire

ARCHITECT: I M PEI; MARCIO JOSE BASTOS SILVA/SHUTTERSTOCK ©

Boston a rang de grande ville la plus ancienne des États-Unis, et en arpenter les rues pavées revient à enchaîner les sites historiques.

Pub historique

Warren Tavern L'une des plus anciennes tavernes du pays, du nom du Dr Joseph Warren, tombé lors de la bataille de Bunker Hill. (p. 38)

Tombes notables

King's Chapel Burying Ground John Winthrop, premier gouverneur de la colonie de la baie du Massachusetts. (p. 81)

Granary Burying Ground Paul Revere, le cavalier et patriote intrépide. (p. 68)

Mt Auburn Cemetery Henry Wadsworth Longfellow, le poète qui a réécrit l'histoire américaine. (p. 142)

Histoire révolutionnaire

Freedom Trail Itinéraire des plus importants monuments révolutionnaires de Boston. (p. 22)

Boston Tea Party Ships & Museum Admirez les répliques des navires marchands du Tea Party. (p. 80)

Histoire de la famille Kennedy

John F. Kennedy Presidential Library & Museum Découvrez dans la librairie la vie et l'héritage de JFK (photo ci-dessus ; (p. 82)

Edward Kennedy Institute for the US Senate Institution en hommage au frère de JFK. (p. 82)

Vaut le détour

Quatre des neuf enfants Kennedy sont nés et ont grandi dans la modeste maison de Brookline aujourd'hui le **John F. Kennedy National Historic Site** (www.nps.gov/jofi). JFK est né dans la chambre principale en 1917. Participez à une visite guidée.

Événements sportifs

ELIOT J. SCHECHTER/GETTY IMAGES ©

Boston a le sport dans la peau. Quatre de ses équipes professionnelles – les Bruins, les Celtics, les Patriots et les Red Sox – ont accumulé les victoires en championnat ces dernières années.

Base-ball

Après 86 ans de défaites, les Red Sox de Boston ont ravivé la ferveur des supporteurs locaux en remportant les World Series en 2004 (et trois fois depuis). L'équipe joue d'avril à septembre au Fenway Park (p. 126).

Football américain

Six fois vainqueurs du Super Bowl depuis le début du millénaire, les New England Patriots sont adulés chez eux mais détestés dans le reste du pays. Ils jouent au **Gillette Stadium** (photo ci-dessus), au sud de Boston, à Foxborough. La saison va de fin août à janvier.

Hockey sur glace

Vainqueurs de la Stanley Cup en 2011, les Boston Bruins (www.bostonbruins.com) jouent au TD Garden (p. 56) de mi-octobre à mi-avril. Le hockey universitaire est aussi très populaire.

Basket-ball

Les Boston Celtics ont remporté plus de championnats que toute autre équipe de la NBA (dernière victoire en 2008). Ils jouent d'octobre à avril au TD Garden (p. 56).

Événements sportifs annuels

Marathon de Boston (www.baa.org). L'un des plus prestigieux marathons du pays, le jour du Patriot's Day.

Head of the Charles Regatta (www.hocr.org) La plus grande régate d'aviron du monde, à la mi-octobre sur la Charles River.

Beanpot Tournament (www.beanpothockey.com). Le tournoi annuel de hockey universitaire, en février.

Hub on Wheels (www.hubonwheels.com ; sept). Une course cycliste à travers la ville au départ de City Hall Plaza, avec trois itinéraires.

Circuits organisés

MARCIO JOSE BASTOS SILVA/SHUTTERSTOCK ©

Aussi abondante qu'éclectique, l'offre de circuits touristiques à Boston se prête, selon ses envies et ses goûts, à découvrir l'âme de la ville, son histoire, ses quartiers, sa cuisine.

À pied

Boston by Foot (www.bostonbyfoot.com ; adulte/enfant 15/10 $; 👪). Cette organisation sans but lucratif propose des promenades de 1 heure 30 dans des quartiers et sur des thèmes particuliers.

Free Tours by Foot (www.freetoursbyfoot.com/boston-tours). Des circuits prisés de 1 heure 30, notamment Freedom Trail, Harvard University, North End et Beacon Hill "Crime Tour". À la fin de la visite, donnez le montant qui vous semble juste.

Photo Walks (www.photowalks.com ; tarif plein/jeune 50/25 $; 👪). À la fois une visite guidée et un cours de photo. Différents itinéraires couvrent les quartiers les plus photogéniques.

Boston Foodie Tours (bostonfoodietours.com ; 75-90 $). Assurez-vous d'avoir faim pour ces circuits culinaires recommandés. Choisissez entre le Boston Public Market et le North End.

NPS Freedom Trail Tour (National Park Service ; plan p. 78, C2 ; www.nps.gov/bost ; Faneuil Hall ; gratuit ; 🕒10h, 11h, 14h et 15h juin-sept ; T State). Des circuits gratuits animés par des rangers sur une portion du Freedom Trail. Arrivez 30 minutes avant pour avoir une place.

En bateau

Boston Green Cruises (www.bostongreencruises.com ; 60 Rowes Wharf ; adulte/enfant à partir de 32/28 $; 👪 ; T Aquarium, South Station). Observez et écoutez la ville à bord du premier bateau électrique de Boston, propre et silencieux.

Boston Harbor Cruises (BHC ; plan p. 78, E2 ; ☎617-227-4321 ; www.bostonharborcruises.com ; 1 Long Wharf ; croisières adulte/enfant à partir de 28/24 $, Codzilla 38/29 $). Excursions touristiques, sorties au coucher du soleil, observation des baleines et autres circuits. La vedette de 2800 CV *Codzilla* fend les vagues à vive allure (les participants finissent trempés).

En bus

Boston Duck Tours (plan p. 110, D5 ; www.bostonducktours.com ; adulte/enfant 50/35 $; 👪). Ces véhicules amphibies de la Seconde Guerre mondiale (photo ci-dessus) qui traversent les rues du centre-ville avant de voguer sur la Charles River ont beaucoup de succès.

Ghosts & Gravestones (www.ghostsandgravestones.com ; Long Wharf ; adulte/enfant 6-12 ans 46/39 $, moins de 6 ans non-admis). Explorez le côté sombre de Boston en compagnie d'un fossoyeur maudit.

Boston gratuit

ARCHITECT: RICHARD J SHAW; FELIX MIZIOZNIKOV/SHUTTERSTOCK ©

Boston peut se révéler cher, mais en cherchant un peu, on peut en profiter sans bourse délier. Voici quelques options pour les mordus de culture et d'histoire aux poches vides.

Visites guidées

Freedom Trail Des rangers du NPS organisent des visites gratuites.

Black Heritage Trail Un autre circuit gratuit du NPS, sur l'histoire de l'établissement des Afro-Américains à Beacon Hill. (p. 68)

Soirées musée

Museum of Fine Arts Gratuit le mercredi soir. (p. 122)

Institute of Contemporary Art Gratuit le jeudi soir. (p. 76)

Boston Children's Museum Presque gratuit (1 $) le vendredi soir. (p. 82)

Parcs et jardins

Public Garden Prenez le temps de humer le parfum des roses. (p. 64)

Rose Kennedy Greenway Profitez du labyrinthe. (p. 81)

Mt Auburn Cemetery Balades dans le jardin et vue du haut de la Washington Tower. (p. 142)

Charles River Esplanade Promenade au bord de l'eau. (p. 112)

Art et histoire

Boston Public Library Visites guidées gratuites quotidiennes. (p. 106)

Massachusetts State House Entrée et visites guidées gratuites. (p. 68)

Charlestown Navy Yard Visite guidée gratuite de l'USS *Constitution*. (p. 36)

Bunker Hill Monument Admirez le panorama au sommet. (p. 35)

JFK National Historic Site Le lieu de naissance du 35e président des États-Unis se visite gratuitement. (p. 20)

Visite de l'université

Massachusetts Institute of Technology Visites guidées gratuites du campus. (p. 136)

Harvard University Visites guidées gratuites du campus par des étudiants. (p. 135)

Sorties

Hatch Memorial Shell Divertissements gratuits l'été. (photo ci-dessus ; p. 112)

Shakespeare on the Common Théâtre en plein air gratuit. (p. 63)

Boston en 4 jours

1er Jour

JOE DANIEL PRICE/GETTY IMAGES ©

Débutez la journée au Freedom Trail dans le parc de Boston Common, et traversez downtown. Le **Granary Burying Ground** (p. 68), l'**Old South Meeting House** (p. 80), l'**Old State House** (p. 80) et le **Faneuil Hall** (p. 82) sont incontournables.

Continuez jusque dans le North End et visitez la **Paul Revere House** (p. 50), l'**Old North Church** (p. 50) et le **Copp's Hill Burying Ground** (p. 50). Traversez le pont de Charlestown, découvrez le **Navy Yard** (p. 36) et grimpez au sommet du **Bunker Hill Monument** (p. 35).

Puis, direction l'ancienne prison Charles St Jail – désormais le Liberty Hotel – pour siroter des cocktails dans l'ancienne cellule de dégrisement qui abrite aujourd'hui le bar **Alibi** (p. 54).

2e jour

CO LEONG/SHUTTERSTOCK ©

Le matin, contemplez les bâtiments de **Copley Square**, qui forment le plus bel ensemble architectural de Boston : la bibliothèque **Boston Public Library** (p. 106), **Trinity Church** (p. 108) et **John Hancock Tower** (p. 109).

Consacrez votre après-midi à l'un des musées d'art de la ville. Mais il vous faudra choisir entre l'excellente collection du **Museum of Fine Arts** (p. 122) et les petites (mais non moins remarquables) expositions de l'**Isabella Stewart Gardner Museum** (p. 124).

Le soir, appréciez l'acoustique du Symphony Hall, salle de concert du **Boston Symphony Orchestra** (p. 131), ou assistez à un match de base-ball au **Fenway Park** (p. 126), au milieu d'une foule de supporteurs en délire.

3e jour

RYAN MCGURL/SHUTTERSTOCK ©

Louez un vélo et longez la **Charles River** (p. 144). Selon votre point de départ, l'itinéraire peut passer par les campus de l'**université de Harvard** (p. 134) et du **MIT** (p. 136). Les plus ambitieux peuvent revenir par la Charles River Esplanade et s'arrêter près de Harvard Sq.

Passez l'après-midi à Harvard Sq pour flâner dans les librairies, vous détendre dans les cafés, participer à une visite guidée gratuite du campus et, pourquoi pas, visiter l'un des excellents **musées** (p. 142).

Le soir, allez voir une pièce à l'**American Repertory Theater** (p. 144) ou un groupe au **Club Passim** (p. 144) ou au **Sinclair** (p. 144), vous pouvez aussi tout simplement écouter les musiciens de rue de Harvard Sq.

4e jour

CL-MEDIEN/SHUTTERSTOCK ©

Passez la matinée sur l'eau en optant pour une **sortie d'observation des baleines** (p. 83) à Stellwagen. Puis admirez les installations artistiques dans le parc **Rose Kennedy Greenway** (p. 81). Si le temps n'est pas au beau fixe, observez la vie marine à l'abri, au **New England Aquarium** (p. 83).

Appréciez la baie à la faveur d'une balade le long du HarborWalk jusqu'au Seaport District. Rejoignez ensuite l'**Institute of Contemporary Art** (p. 76) pour y découvrir des œuvres contemporaines anticonformistes.

Terminez la soirée dans le South End. Écoutez du bon vieux blues au **Wally's Café** (p. 101) ou sirotez des cocktails avec la bonne société au **Beehive** (p. 101).

Les basiques

Pour plus de renseignements, consultez le *Carnet pratique* (p. 147)

Monnaie
Dollar US ($)

Langue
Anglais

Visas
Les Français, Belges, Suisses et Canadiens n'ont pas besoin de visa pour des séjours de moins de 90 jours.

Argent
Nombreux DAB. Cartes bancaires acceptées dans la plupart des hôtels, restaurants et magasins.

Smartphones
Attention aux frais d'itinérance : désactivez les données mobiles. Utilisez le Wi-Fi ou une carte SIM locale ou prévoyez une extension "étranger".

Heure
Fuseau horaire "Eastern Time" : GMT moins 5 heures. Paris avance de 6 heures sur Boston.

Pourboire
Laissez au moins 15%.

Budget

Moins de 100 $

Lit en dortoir 50 $

Pizza ou raviolis chinois 7-12 $

Nocturnes et visites guidées de certains musées gratuites

Métro 2,40-3 $

De 100 $ à 300 $

Chambre double en hôtel de catégorie moyenne 150-250 $

Repas dans un restaurant de catégorie moyenne 15-25 $

Entrée au musée 15-25 $

Court trajet en taxi 15-20 $

Plus de 300 $

Chambre double en hôtel de catégorie supérieure à partir de 250 $

Repas dans un restaurant haut de gamme à partir de 30 $

Concerts, événements et activités à partir de 50 $

Sites Web

Lonely Planet (www.lonelyplanet.fr). Renseignements sur Boston, forum des voyageurs, etc.

My Secret Boston (www.mysecretboston.com). Des restaurants, bars, événements familiaux et culturels pas si secrets.

Greater Boston Convention & Visitors Bureau (www.bostonusa.com). Site de l'office du tourisme de Boston.

Universal Hub (www.universalhub.com). Tour d'horizon de l'actualité locale, commentée par les citoyens.

Arriver à Boston

La plupart des visiteurs arrivent à l'aéroport international de Logan ou, en train ou en bus, à South Station. Tous deux sont facilement accessibles en métro (surnommé le "T"), géré par la Massachusetts Bay Transportation Authority (MBTA).

Depuis l'aéroport de Logan

À East Boston, à environ 5 km à l'est du centre, de l'autre côté du port.

Bus Ligne argent jusqu'à South Station, 5h30-0h30, gratuit

Métro (T) Ligne bleue jusqu'au centre de Boston, 2,40-3 $

Taxi 30 à 40 $ jusqu'au centre de Boston

Depuis South Station

Dans le centre de Boston.

Métro (T) La ligne rouge dessert une grande partie de la ville, 2,40-3 $

Comment circuler

S Métro (T)

La MBTA (www.mbta.com) gère le plus ancien métro des États-Unis, construit en 1897 et surnommé le "T" en référence à son logo noir et blanc.

Bus

La MBTA gère plusieurs lignes de bus dans la ville. La ligne "rapide" couleur argent (Silver Line) est pratique pour se rendre à l'aéroport de Logan (SL1) et à South End (SL4 ou SL5).

Vélo

Le programme de vélos en libre-service de Boston s'appelle Blue Bikes (www.bluebikes.com). Il y a 400 stations, notamment à Boston, Cambridge, Brookline et Somerville, et quelque 4000 vélos à disposition pour une durée limitée.

MARCIO JOSE BASTOS SILVA/SHUTTERSTOCK ©

Les quartiers de Boston

Cambridge (p. 133)
Ville à part entière où l'art, l'histoire et les restaurants de l'université de Harvard rivalisent avec ceux du MIT voisin.

Beacon Hill et Boston Common (p. 59)
Antiquaires et architecture emblématique caractérisent ce quartier typique de Boston.

Harvard Yard

Massachusetts Institute of Technology

Public Garden

Boston Public Library

Fenway Park

Trinity Church

Museum of Fine Arts

Isabella Stewart Gardner Museum

Kenmore Square et Fenway (p. 121)
Foyer d'institutions comme le Museum of Fine Arts, le Boston Symphony Orchestra et Fenway Park.

Back Bay (p. 105)
Quartier le plus prestigieux de Boston, fort de sa belle architecture victorienne et de ses boutiques de haute couture.

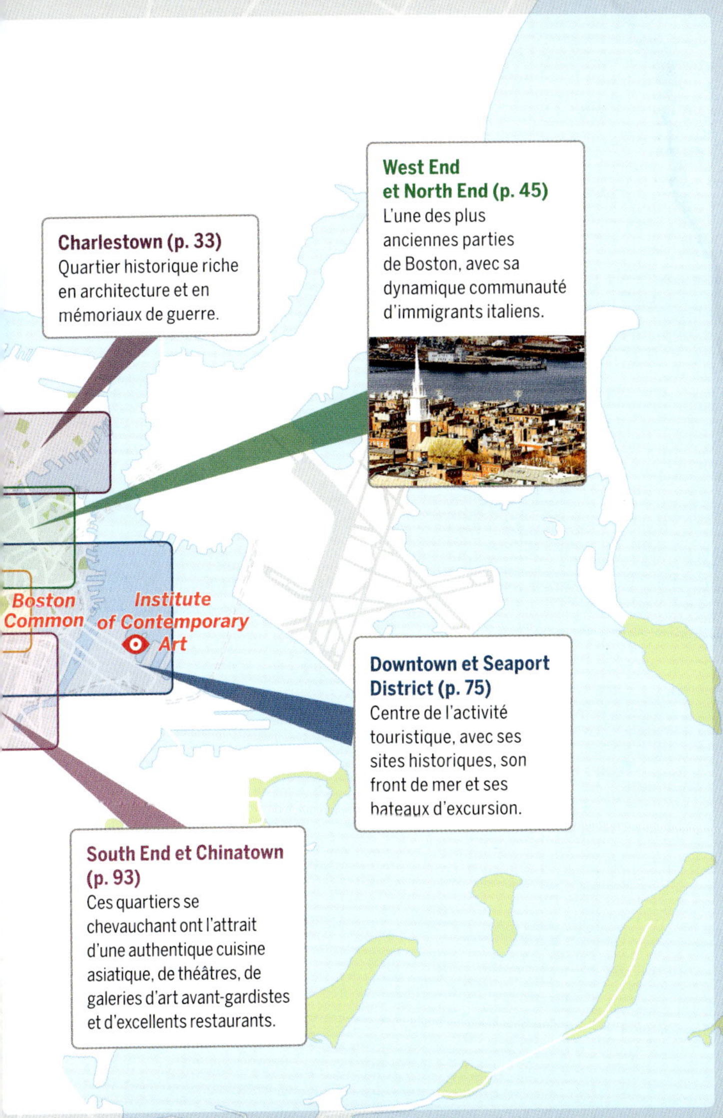

Charlestown (p. 33)
Quartier historique riche en architecture et en mémoriaux de guerre.

West End et North End (p. 45)
L'une des plus anciennes parties de Boston, avec sa dynamique communauté d'immigrants italiens.

Downtown et Seaport District (p. 75)
Centre de l'activité touristique, avec ses sites historiques, son front de mer et ses bateaux d'excursion.

South End et Chinatown (p. 93)
Ces quartiers se chevauchant ont l'attrait d'une authentique cuisine asiatique, de théâtres, de galeries d'art avant-gardistes et d'excellents restaurants.

PRUDENTIAL

Explorer Boston

Vaut le détour

Promenades à pied

Copley Square (p. 112) MARCIO SILVA/500PX/GETTY IMAGES ©

Explorer Charlestown

Site original de la colonie de la baie du Massachusetts, Charlestown est la dernière étape du Freedom Trail. Nombre de touristes arpentent ces trottoirs pavés, riches d'histoire, pour admirer la frégate USS Constitution *et grimper au sommet du Bunker Hill Monument, qui domine le quartier.*

Notre sélection

- **Bunker Hill Monument** **(p. 35)** *Montez les 294 marches qui mènent au sommet, puis reprenez votre souffle en admirant la vue à 360°.*
- **Warren Tavern** **(p. 38)** *Sirotez une bière dans le bar où venaient se détendre les pères fondateurs.*
- **USS Constitution** **(p. 36)** *Découvrez la riche histoire du navire auprès de marins de la Navy.*
- **Pier Six** **(p. 38)** *Regardez le soleil se coucher derrière les gratte-ciel en dégustant un cocktail.*
- **USS Constitution Museum** **(p. 36)** *Mettez-vous dans la peau d'un marin et admirez la collection de maquettes.*

Comment y aller

M Les stations les plus proches sont Community College (ligne orange) et North Station (croisement des lignes orange et verte), toutes deux situées à 20 minutes à pied des sites de Charlestown.

L'Inner Harbor Ferry, géré par la Massachusetts Bay Transportation Company (MBTA), circule toutes les 15 à 30 minutes entre le Charlestown Navy Yard et Long Wharf, sur le front de mer de Boston.

Plan de Charlestown p. 34

USS Constitution (p. 36) ROMAN BABAKIN/SHUTTERSTOCK ©

CHARLESTOWN
Bunker Hill Monument 1
2 Bunker Hill Museum
3 USS Constitution
4 USS Constitution Museum
Charlestown 5 Navy Yard
6 USS Cassin Young
7
8
9
10
11
12
Monument Square
Winthrop Square
City Square
Shipyard Park
Paul Revere Park
Community College (300 m)
Main St
School St
Elm St
GreenSt
Cross St
Cedar St
Bartlett St
WoodSt
High St
Lexington St
Bunker Hill St
Moulton St
Decatur St
Chelsea St
Fourth Ave
FirstAve
Third Ave
Tremont St
Mt Vernon Ave
Chestnut St
Mt Vernon St
Prospect St
Lowney St
Austin St
Warren St
Cordis St
Pleasant St
Monument Ave
Soley St
Winthrop St
Adams St
Union St
Washington St
Devens St
Prescott St
ParkSt
Putnam St
Northern Expwy
Second Ave
Fifth St
Sixth St
Eighth St
Ninth St
New Rutherford Ave
Harvard St
Constitution Rd
N Washington St
Zakim Bridge
Pier 1
Pier 2
Pier 3
Pier 4
Pier 5
Pier 6
Pier 7
Pier 8
Inner Harbor Ferry
Port intérieur de Boston
Charles River
0 200 m
0 0,1 mile
Nos adresses
Les incontournables p. 35
Se restaurer p. 37
Prendre un verre p. 39

Voir

Bunker Hill Monument

MONUMENT

1 PLAN P. 34, B1

Cet obélisque de granit de 67 m de haut commémore la bataille décisive qui se livra sur la colline éponyme le 17 juin 1775, durant la guerre d'Indépendance. Si les tuniques rouges l'emportèrent, la victoire laissa à l'armée britannique un goût amer, puisqu'elle perdit (morts et blessés confondus) plus d'un tiers des forces engagées, dont maints officiers, tandis que les colons déplorèrent moins de victimes. Gravissez les 294 marches jusqu'au sommet du monument pour profiter du panorama sur la ville, le port et North Shore. (617-242-7275 ; www.nps.gov/bost ; Monument Sq ; entrée libre ; 10h-16h30 ven-dim ; 93 depuis Haymarket, T Community College)

Bunker Hill Museum

MUSÉE

2 PLAN P. 34, B2

Face au Bunker Hill Monument, ce musée de brique rouge sur deux étages comprend des dioramas historiques, quelques objets et une impressionnante peinture murale à 360° représentant la bataille. Quiconque trouvera où l'artiste a signé son chef-d'œuvre sera récompensé ! (617-242-7275 ; www.nps.gov/bost ; 43 Monument Sq ; entrée libre ; 10h-17h mer-dim oct-juin, 10h-18h juil-sept ; 93 depuis Haymarket, T Community College)

Statue du colonel William Prescott et Bunker Hill Monument

USS Constitution

NAVIRE

3 PLAN P. 34, D3

"Ses flancs sont de fer !", s'exclama un matelot de la guerre de 1812 en voyant un boulet rebondir sur l'épaisse coque en chêne de ce navire légendaire, qui y gagna son surnom d'"Old Ironsides" (vieux flancs de fer). Construit en 1797, le plus vieux bâtiment de guerre de l'US Navy n'a jamais perdu une bataille. Toujours en service pour des représentations, il est généralement remis à flot dans le Boston Harbour, le 4 juillet de chaque année.

Il vous faudra présenter une pièce d'identité pour monter à bord. Vous apprendrez notamment la façon dont le fils du capitaine est mort lors du voyage inaugural. (617-242-2543 ; www.navy.mil/uss-constitution/ ; Charlestown Navy Yard ; entrée libre ; 10h-16h mer-dim oct-mai, 10h-18h mer-dim juin-sept ; ; 93 depuis Haymarket, Inner Harbor Ferry depuis Long Wharf, T North Station)

Grimper au Bunker Hill

D'avril à juin, en raison des nombreuses visites de groupes scolaires, un pass est nécessaire pour grimper au sommet du Bunker Hill Monument. Ces pass, dont le nombre est limité, sont remis au Bunker Hill Museum au fil des arrivées.

USS Constitution Museum

MUSÉE

4 PLAN P. 34, D2

Ce musée relate les différentes batailles de l'USS *Constitution*, un riche passé qui lui vaut son rang actuel de fleuron de la marine. Les parties consacrées à la guerre de 1812 et à la guerre de Tripoli, conflits relativement méconnus qui virent naître l'US Navy, sont particulièrement intéressantes. À l'étage, les enfants découvriront la vie que menaient les marins à bord. (617-426-1812 ; www.ussconstitutionmuseum.org ; First Ave, Charlestown Navy Yard ; don suggéré adulte 10-15 $, enfant 5-10 $; 10h-18h juin-août, 10h-17h sept-mai ; ; 93 depuis Haymarket, Inner Harbor Ferry depuis Long Wharf, T North Station)

Charlestown Navy Yard

SITE HISTORIQUE

5 PLAN P. 34, C3

Cet ancien site de construction et de commandement navals, qui rassemble des navires illustres et un musée qui leur est consacré, a rang, à lui seul de monument historique vivant. Le National Park Service Visitor Center propose un film gratuit, des visites guidées et d'autres infos sur le Navy Yard et les sites du Freedom Trail. (617-242-5601 ; www.nps.gov/bost ; entrée libre ; Visitor Center 10h-18h mer-dim juil-sept, 10h-17h mer-dim oct-juin ; 93 depuis Haymarket,

La Bataille de Bunker Hill

"Ne tirez pas avant d'avoir vu le blanc de leurs yeux !" ordonna le colonel Prescott aux troupes révolutionnaires américaines, le 17 juin 1775. Malgré le manque de préparation manifeste des insurgés, la sanglante bataille qui s'ensuivit se solda par un nombre surprenant de pertes britanniques. Les tuniques rouges (surnom des troupes britanniques) finirent par l'emporter, mais les colons totalisèrent peu de morts en comparaison. L'affrontement témoigna également du courage de ces nouveaux révolutionnaires.

La plus grande perte qu'eurent à déplorer les insurgés fut celle du général Joseph Warren, tué en première ligne d'un coup de mousquet lors de l'assaut final des Britanniques. Quelques semaines plus tard, George Washington prit officiellement le commandement de l'armée révolutionnaire dans le parc de Cambridge Common.

Inner Harbor Ferry depuis Long Wharf, T North Station)

USS Cassin Young

NAVIRE

6 PLAN P. 34, D3

Ce navire de la Seconde Guerre mondiale, de 115 m, construit sur le chantier naval de Charlestown est un superbe exemple de destroyer de classe Fletcher - navire le plus rapide et le plus polyvalent de la Navy -. L'USS Cassin Young participa à la bataille du golfe de Leyte en 1944 et à l'invasion d'Okinawa en 1945, lors de laquelle deux attaques kamikazes tuèrent 23 membres de l'équipage et en blessèrent bien plus. Suivez la visite gratuite de 45 minutes ou baladez-vous sur le pont principal. (617-242-5601 ; Charlestown Navy Yard ; entrée libre ; 10h-16h30 mai-déc, 10h-17h30 juin-sept ; 93 depuis Haymarket, Inner Harbor Ferry depuis Long Wharf, T North Station)

Se restaurer

Brewer's Fork

PIZZA $$

7 PLAN P. 34, D1

Une adresse branchée et décontractée, appréciée pour sa carte attrayante de petites assiettes et de pizzas, et son choix d'une trentaine de bières artisanales, souvent renouvelé. Si le four à bois tient ici la vedette, les planches de fromage et de charcuterie ne sont pas en reste. (617-337-5703 ; www.brewersfork.com ; 7 Moulton St ; petites assiettes 13-22 $, pizzas 16-18 $; 11h30-22h30, 11h30-23h jeu-sam, 10h30-23h sam-dim ; 93 depuis Haymarket, Inner Harbor Ferry depuis Long Wharf, T North Station)

Monument

GASTROPUB $$

8 PLAN P. 34, A1

Charlestown compte enfin des restaurants dignes des gastronomes, locaux comme de passage. Celui-ci, avec son beau bar en bois poli, est en est un des plus récents, ainsi que le meilleur. La vaste et excellente carte comprend petits cheeseburgers, moules vapeur à la thaïlandaise et onglet de bœuf saisi. Le brunch est particulièrement prisé ; que diriez-vous de pancakes au citron et aux graines de pavot ? (617-337-5191 ; www.monumentcharlestown.com ; 251 Main St ; déj 13-17 $, dîner 15-25 $; 11h30-minuit lun-ven, 9h-minuit sam-dim ; T Community College)

Figs

PIZZA $$

9 PLAN P. 34, B2

Cette pizzeria créative – forte d'une autre adresse à Beacon Hill – est celle du célèbre chef Todd English, qui agrémente ses pizzas à pâte ultrafine de garnitures valant le détour, telles que figues, *prosciutto* et gorgonzola. On y sert aussi des sandwichs et des pâtes fraîches. (617-242-2229 ; www.facebook.com/figscharlestown ; 67 Main St ; plats 16-24 $; 12h30-14h30 et 17h-21h30 lun-ven, 12h-22h sam, 12h-21h30 dim ; ; T Community College)

Prendre un verre

Warren Tavern

PUB HISTORIQUE

10 PLAN P. 34, B2

L'un des plus vieux pubs de Boston sert des pintes depuis l'époque où George Washington et le patriote Paul Revere venaient y boire. Il tient son nom du général Joseph Warren, héros tombé à la bataille de Bunker Hill (le pub fut ouvert peu de temps après, en 1780). Une bonne adresse pour déjeuner également (plats 14-20 $). (617-241-8142 ; www.warrentavern.com ; 2 Pleasant St ; 11h-1h lun-ven, 10h-1h sam-dim ; T Community College)

Pier Six

BAR

11 PAN P. 34, F3

Ce restaurant à l'élégance discrète, installé au bout de la jetée s'étirant derrière le Navy Yard, a l'attrait d'un panorama spectaculaire sur le port et la ville. La cuisine n'y est pas particulièrement remarquable, mais c'est un lieu agréable pour prendre le soleil et la brise marine ou boire une bonne bière fraîche au comptoir. (617-337-0054 ; www.pier6boston.com ; 1 8th St, Pier 6 ; 11h-1h mer-dim ; 93 depuis Haymarket, Inner Harbor Ferry depuis Long Wharf, T North Station)

Zume's Coffee House

CAFÉ

12 PLAN P. 34, A1

Un peu à l'écart du Freedom Trail, le Zume est très apprécié des habitants pour ses confortables fauteuils en cuir, ses *latte* et ses muffins anglais maison. Au menu également : soupes, sandwichs et bagels. Peintures et photos d'artistes locaux ornent les murs ; des livres et des jeux occuperont les plus jeunes. (www.zumescoffeehouse.com ; 221 Main St ; 6h-15h lun-ven, 7h-13h sam-dim ; attention, renseignez-vous, les horaires peuvent varier ; T Community College)

Promenade à pied

Le Freedom Trail

Marchez dans les pas de Paul Revere – et sur les briques rouges – du "Chemin de la Liberté", de Boston Common au Bunker Hill Monument. Meilleure introduction au Boston révolutionnaire, cette promenade de 4 km relie les sites des événements qui ont valu à la ville son rang de "berceau de la liberté".

La promenade :

Départ Boston Common; T Park St

Arrivée Bunker Hill Monument; T Community College

Distance et durée environ 4 km ; 3-4 heures

❶ Boston Common

Le **Freedom Trail** (☎617-357-8300 ; www.thefreedomtrail.org) débute au **Boston Common** (p. 60), le doyen des parcs américains, et le cœur de la ville. Des sentiers quadrillent ce parc de 20 ha ponctué de monuments. Notez celui érigé en 1888 en hommage aux victimes du massacre de Boston.

❷ Massachusetts State House

Surplombant le Boston Common à son angle nord-est, le **capitole du Massachusetts** (p. 68) trône sur la dernière colline de Boston, qui faisait jadis partie des pâturages de John Hancock. D'autres membres des Fils de la Liberté (un réseau clandestin de patriotes pendant la Révolution américaine) contribuèrent à ériger cet édifice. Ainsi, Samuel Adams et Paul Revere en posèrent-ils les premières pierres le 4 juillet 1795.

❸ Park Street Church

Juste au sud du capitole, la flèche élancée de **Park St Church** (☎617-523-3383 ; www.parkstreet.org ; 1 Park St; 9h30-15h mar-sam mi-juin–août, dim toute l'année ; T Park St) constitue un repère depuis 1809. L'église fut surnommée "Brimstone Corner" (le coin du soufre) aussi bien au motif qu'elle servit de poudrière durant la guerre de 1812, qu'en référence aux prêches enflammés qui y furent lus.

❹ Granary Burying Ground

En remontant Tremont St vers le nord, vous passerez devant les grilles néo-égyptiennes de **Granary Burying Ground** (p. 68), un cimetière ancré dans l'histoire. Nombre des Fils de la Liberté y reposent ainsi que les victimes du massacre de Boston et d'autres personnages historiques.

❺ King's Chapel et cimetière

Prenez School St vers le nord où **King's Chapel** (p. 81), une chapelle de style georgien donne sur le cimetière attenant. On peut s'étonner qu'elle fasse partie du Freedom Trail puisqu'il s'agissait, à sa construction en 1688, d'une église anglicane. Toutefois, elle renferme une grosse cloche réalisée par Paul Revere et le prestigieux banc du gouverneur qu'occupa George Washington.

❻ Première école publique du pays

Tournez à droite dans School St et prêtez attention à la statue en bronze de Benjamin Franklin devant l'**Old City Hall** (☎617-204-9506 ; www.oldcityhall.com ; 45 School St ; T State), édifice de granit de style Second Empire (1865) construit sur le le site de la première école publique du pays. Entrez dans la cour pour découvrir quelques-uns des brillants anciens élèves, mais aussi des œuvres d'art atypiques.

❼ Old Corner Bookstore

Poursuivez vers la droite jusqu'à l'angle de School St et Washington St. La petite maison en brique sur votre gauche, appelée **Old Corner Bookstore** (Ⓣ Downtown Crossing), fut un haut lieu littéraire durant 75 ans. Curieusement, c'est désormais un restaurant mexicain.

❽ Old South Meeting House

De l'autre côté de Washington St, dans la diagonale opposée, l'**Old South Meeting House** (p. 80) vit les prémices de l'un des épisodes contestataires les plus virulents de l'indépendance américaine, la Boston Tea Party. On peut y écouter une reconstitution des événements de cette journée.

❾ Old State House

Avant l'indépendance, le gouvernement du Massachusetts siégeait à l'**Old State House** (p. 80), un édifice colonial en brique rouge aujourd'hui entouré d'immeubles modernes et de rues passantes. À l'intérieur, vous pouvez observer des objets historiques et écouter des récits de témoins de la révolution. Dehors, levez les yeux vers le balcon, d'où la Déclaration d'indépendance des États-Unis fut lue pour la première fois aux Bostoniens en 1776.

❿ Site du massacre de Boston

Devant l'Old State House, un cercle de pavés marque le **site du massacre de Boston** (p. 80), premier affrontement meurtrier de la Révolution américaine. Le 5 mars 1770, une foule en colère jetait des boules de neige et des pierres sur les soldats britanniques, lorsque ceux-ci ripostèrent, faisant feu sur les manifestants, tuant cinq d'entre eux.

⓫ Faneuil Hall

La plupart des visiteurs s'arrêtent au Quincy Market pour boire une bière ou acheter des souvenirs, mais beaucoup passent à côté de l'historique **Faneuil Hall** (p. 82), construit en 1740, qui faisait à l'origine office de marché de Boston et de lieu de réunions publiques. Admirez la statue équestre en bronze de Samuel Adams, sur Dock Sq, puis montez au 2e niveau, où Adams et nombre d'autres orateurs prirent la parole contre l'autorité britannique.

⓬ Paul Revere House

Du Faneuil Hall, traversez le Rose Kennedy Greenway et remontez Hanover St pour pénétrer au cœur du North End. Zigzaguez vers la droite sur Richmond St, puis tournez à gauche sur North St et vous atteindrez le charmant North Sq, où vécut Paul Revere. La vieille maison en bardeaux, la **Paul Revere House** (p. 50), est la plus ancienne construction en bois de Boston, les autres ayant été détruites par le feu lors de l'incendie de la ville. C'est probablement de là que Paul Revere partit pour sa célèbre chevauchée de minuit.

⓭ Old North Church

De retour dans Hanover St, remontez deux pâtés de maisons vers le nord jusqu'au Paul Revere Mall. Une statue impressionnante du patriote se dresse dans ce parc, d'où vous aurez une jolie vue sur l'étape suivante, l'**Old North Church** (p. 50). Érigée en 1723, la plus ancienne église de Boston joua un rôle crucial dans la guerre d'Indépendance. Reposez-vous un instant dans les ravissants jardins qui la bordent.

⓮ Copp's Hill Burying Ground

De l'église, prenez Hull St vers l'ouest jusqu'au **Copp's Hill Burying Ground** (p. 50). Ce cimetière regroupe certaines des plus anciennes sépultures de Boston. Il ménage une vue dégagée par-delà le fleuve sur Charlestown. Repérez la pierre tombale de Daniel Malcolm, criblée d'impacts de balles des troupes britanniques, semble-t-il froissées par l'épitaphe. Le véritable rôle de cet homme dans les actions de protestation ou la révolution reste flou ; les archives historiques indiquent seulement qu'il fut arrêté pour ne pas avoir payé une taxe sur 60 tonneaux de vin.

⓯ *USS Constitution*

Poursuivez vers l'ouest jusqu'au bout de Hull St, puis prenez à gauche sur Commercial St et traversez le Charlestown Bridge. Tournez à droite sur Constitution Rd pour rejoindre le **Charlestown Navy Yard**, qui abrite le plus vieux navire de guerre au monde en service, l'**USS Constitution** (p. 36). Montez à bord pour faire un tour sur le pont supérieur et en apprendre plus sur les hauts faits du navire durant les premières batailles navales américaines.

⓰ Bunker Hill Monument

Enfin, montez les rues pavées sinueuses jusqu'à cet obélisque en granit de 67 m, le **Bunker Hill Monument** (p. 35). Les dioramas du musée vous permettront de mieux comprendre le déroulé de la bataille de Bunker Hill de juin 1775. Gravissez les 294 marches jusqu'au sommet pour apprécier la vue sur la ville, la baie et North Shore.

Explorer

West End et North End

Les quartiers du West End et du North End se touchent, mais ne se ressemblent pas. Le West End est un quartier institutionnel plutôt morne. À l'inverse, le North End doit son agréable animation aux nombreux ristoranti et salumerie (épiceries) italiens qui en bordent les rues.

Notre sélection

- ***Pomodoro (p. 52)*** *Offrez-vous un mémorable repas italien éclairé aux bougies dans le North End.*
- ***Alibi (p. 54)*** *Sirotez un cocktail dans cette ancienne prison transformée en hôtel de luxe.*
- ***Old North Church (p. 50)*** *Admirez le clocher en imaginant les lanternes qui y furent autrefois accrochées pour avertir de l'arrivée des Britanniques.*
- ***Museum of Science (p. 50)*** *Découvrez la mécanique de votre propre corps dans la salle interactive Hall of Human Life.*
- ***Paul Revere House (p. 50)*** *Explorez la plus ancienne maison de Boston, où vécut l'un des célèbres Fils de la Liberté.*

Comment y aller et circuler

M Pour le West End, la ligne rouge Charles/MGH donne accès aux sites le long de Cambridge St. À l'intersection de la ligne verte et de la ligne orange, North Station est plus pratique pour la partie nord du quartier. Pour le North End, la station la plus proche est Haymarket, desservie par la ligne verte et la ligne orange.

Plan du West End et du North End p. 48

North End et clocher de l'Old North Church (p. 50)

Promenade à pied

La culture italienne dans le North End

Le dédale de ruelles du North End conserve la saveur du Vieux Continent apportée par les immigrés italiens depuis le début du XXe siècle. Et l'emploi du terme "saveur" n'a rien ici de métaphorique. Il renvoie à l'ail, au basilic et à l'origan, revenus à l'huile d'olive ; aux épaisses sauces tomate laissées à mijoter des heures durant ; à l'amaretto et à l'anis ; ou encore au délicieux et crémeux gelato.

La promenade :

Départ Haymarket ; T Haymarket

Arrivée Langone Park ; T North Station

Distance et durée 1,6 km ; 30 à 60 minutes

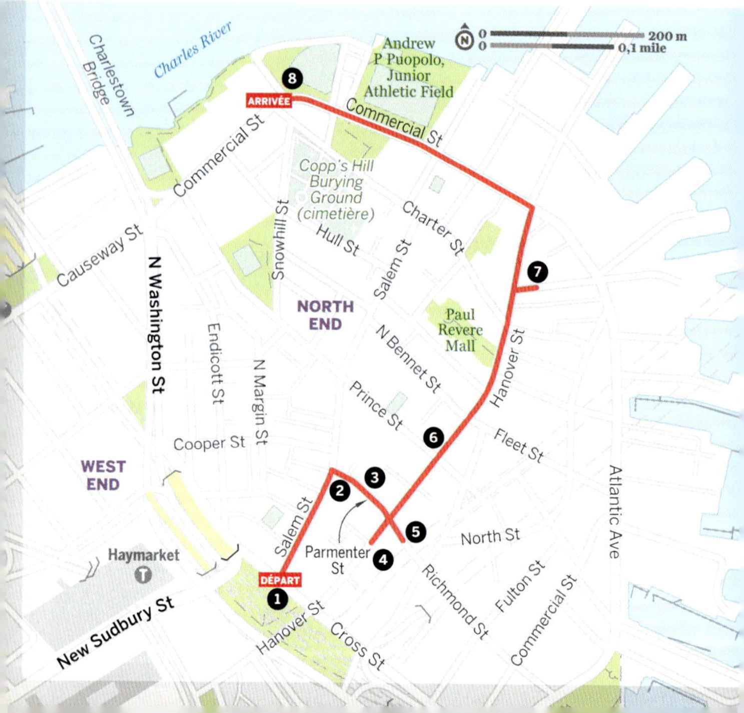

❶ North End Park

Commencez cette balade méditerranéenne à l'ombre des vignes du **North End Park** (www.rosekennedygreenway.org), une ancienne autoroute réhabilitée en parc, conçue comme la "porte d'entrée" du quartier, le plus ancien de Boston. Cette voie verte a permis de relier ces vieux pans de la ville au Boston du bord de l'eau.

❷ Polcari's Coffee

Arrêtez-vous au **Polcari's Coffee** (www.polcariscoffee.com ; 105 Salem St ; 11h-17h lun-ven, 10h-17h sam), où flotte l'arôme de grains de café, de feuilles de thé et d'épices importés. Fondée en 1932, cette épicerie à l'ancienne vous transporte au début du XXe siècle, lorsque l'immigration italienne était à son apogée.

❸ North End Branch Library

La plupart des Italiens qui émigrèrent à Boston étaient originaires du sud du pays. Pourtant la **bibliothèque locale** (617-227-8135 ; www.bpl.org/locations/31/ ; 25 Parmenter St ; 10h-18h lun, mar et jeu, 12h-20h mer, 9h-17h ven, 9h-14h sam ; T Haymarket) du North End conserve un souvenir d'Italie du Nord : une maquette du palais ducal de Venise.

❹ Caffè Paradiso

Ce **café classique** (www.caffeparadisoboston.com ; 255 Hanover St ; 7h-2h ; ; T Haymarket) mérite une halte pour son cappuccino et son ambiance de quartier. Les habitués regardent du football italien, tandis que le barman remplit les verres de cognac pur.

❺ Salumeria Italiana

Depuis plus de 50 ans, la **Salumeria Italiana** (www.salumeriaitaliana.com ; 151 Richmond St ; 9h30-18h lun, mer et jeu, 9h30-19h ven, 8h-19h sam ; T Haymarket) approvisionne les habitants en vinaigre balsamique de qualité, huile d'olive extra-vierge et d'autres produits importés.

❻ St Leonard's Church

La **St Leonard's Church** (617-523-2110 ; www.saintleonardchurchboston.org ; 320 Hanover St ; 9h30-14h30 ; T Haymarket) fut fondée et bâtie par des immigrés italiens en 1873. La messe y est toujours célébrée en italien, mais aussi en anglais.

❼ All Saints Way

Fervent catholique, Peter Baldassari a collectionné les images pieuses tout sa vie de long. Ses trésors sont exposés dans une toute petite ruelle de Battery St, surnommée **All Saints Way** (4 Battery St ; T Haymarket).

❽ Langone Park

En 1919, le réservoir d'une distillerie explosa, inondant le quartier de mélasse (p. 56). Sur le site du désastre fut aménagé ce paisible **parc** (617-626-1250 ; Commercial St) où les voisins se retrouvent et jouent aux *bocce* (jeu de boules italien).

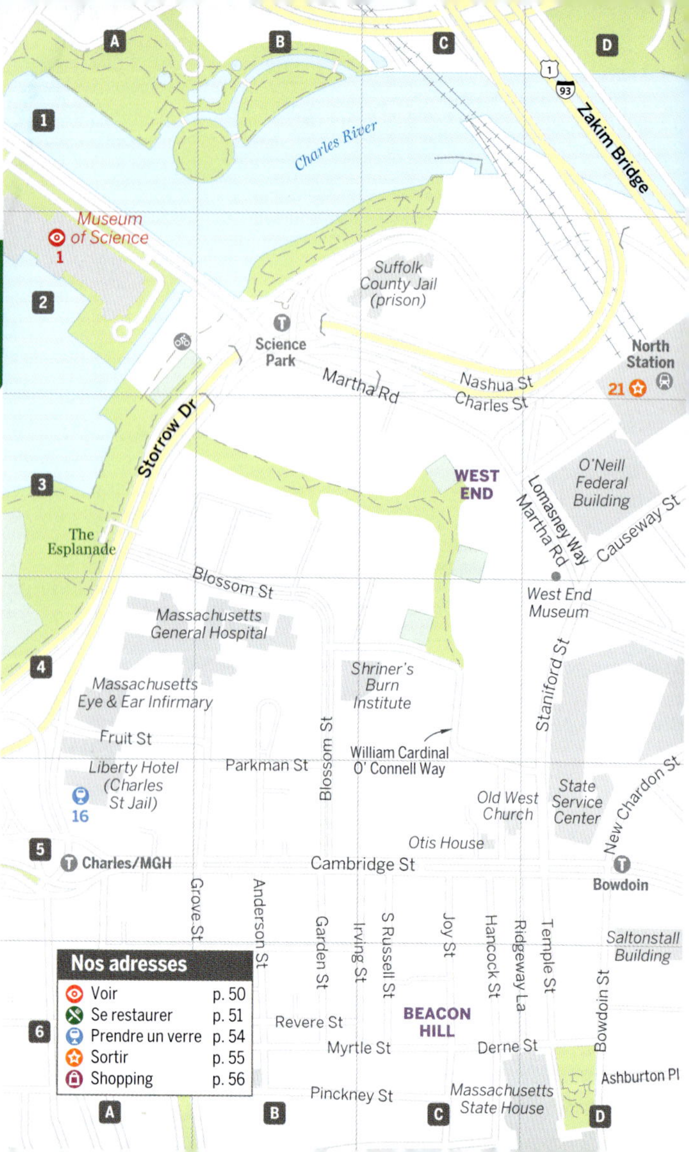

A
B
C
D
1
2
3
4
5
6
Charles River
Zakim Bridge
1
93
Museum of Science
1
Suffolk County Jail (prison)
Science Park
Martha Rd
Nashua St
Charles St
North Station
21
Storrow Dr
WEST END
O'Neill Federal Building
Lomasney Way
Martha Rd
Causeway St
The Esplanade
Blossom St
Massachusetts General Hospital
West End Museum
Shriner's Burn Institute
Staniford St
Massachusetts Eye & Ear Infirmary
Fruit St
Blossom St
William Cardinal O' Connell Way
Liberty Hotel (Charles St Jail)
16
Parkman St
Old West Church
State Service Center
New Chardon St
Otis House
Charles/MGH
Cambridge St
Bowdoin
Grove St
Anderson St
Garden St
Irving St
S Russell St
Joy St
Hancock St
Ridgeway La
Temple St
Saltonstall Building
Bowdoin St
Revere St
BEACON HILL
Myrtle St
Derne St
Ashburton Pl
Pinckney St
Massachusetts State House
Nos adresses
Voir p. 50
Se restaurer p. 51
Prendre un verre p. 54
Sortir p. 55
Shopping p. 56

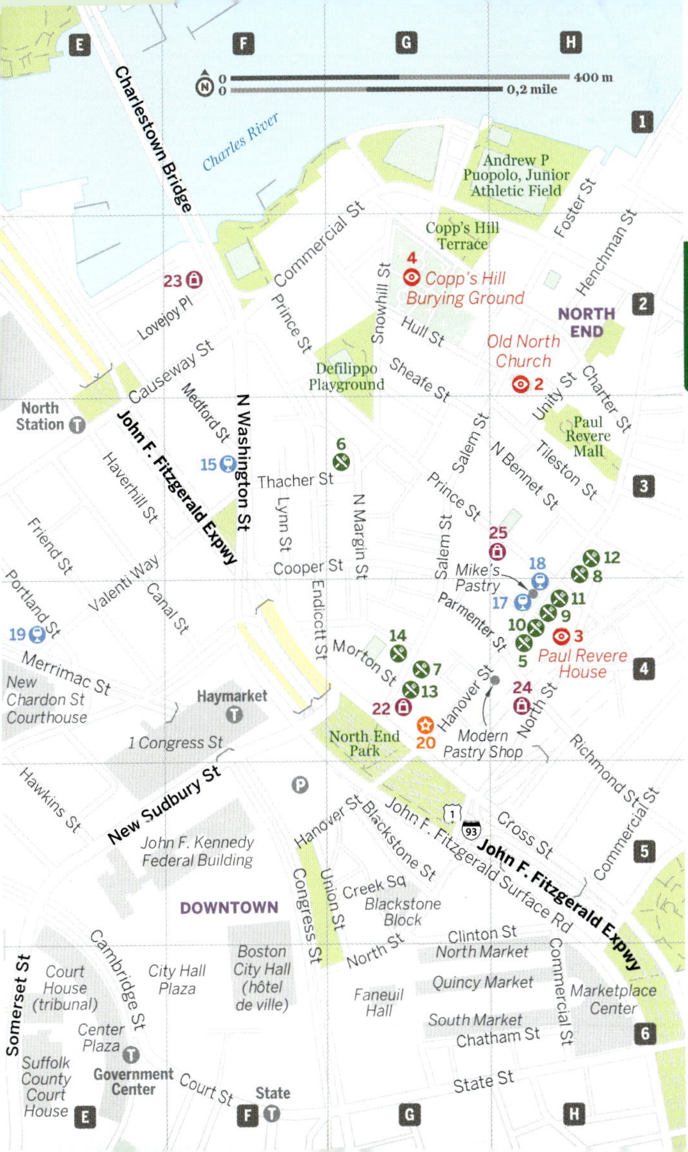
E
F
G
H
1
2
3
4
5
6
0
0
400 m
0,2 mile
Charles River
Charlestown Bridge
Andrew P
Puopolo, Junior
Athletic Field
Foster St
Henchman St
Commercial St
Copp's Hill
Terrace
4
Copp's Hill
Burying Ground
23
Lovejoy Pl
Prince St
Snowhill St
Hull St
NORTH
END
Old North
Church
2
Causeway St
Defilippo
Playground
Sheafe St
Unity St
Charter St
North
Station
Medford St
N Washington St
John F. Fitzgerald Expwy
Paul
Revere
Mall
6
15
Thacher St
Salem St
N Bennet St
Tileston St
Haverhill St
Lynn St
N Margin St
Prince St
Friend St
25
12
Salem St
18
Mike's
Pastry
8
Cooper St
11
17
Valenti Way
Portland St
Canal St
Parmenter St
9
10
3
19
Endicott St
Morton St
14
5
Paul Revere
House
Merrimac St
7
New
Chardon St
Courthouse
Haymarket
13
24
22
Hanover St
North St
20
North End
Park
Modern
Pastry Shop
1 Congress St
Richmond St
Hawkins St
New Sudbury St
Hanover St
Blackstone St
John F. Fitzgerald Surface Rd
Cross St
Commercial St
1
93
John F. Kennedy
Federal Building
John F. Fitzgerald Expwy
Creek Sq
Union St
Congress St
Blackstone
Block
DOWNTOWN
Cambridge St
Clinton St
North St
North Market
Boston
City Hall
(hôtel
de ville)
City Hall
Plaza
Court
House
(tribunal)
Somerset St
Quincy Market
Faneuil
Hall
Commercial St
Marketplace
Center
Center
Plaza
South Market
Chatham St
Suffolk
County
Court
House
Government
Center
Court St
State
State St

Voir

Museum of Science

MUSÉE

1 PLAN P. 48, A2

Un espace de jeu éducatif renfermant plus de 600 installations interactives, parmi lesquelles le plus grand générateur d'éclairs au monde, une capsule spatiale grandeur nature, un compteur de population mondiale et une impressionnante animation sur les dinosaures. Petits et grands s'en donnent à cœur joie en explorant les ordinateurs et la technologie, les cartes et maquettes, les oiseaux et les abeilles et l'évolution de l'humanité. Ne manquez pas le Hall of Human Life, une galerie où l'on peut assister à l'éclosion de poussins. Le Discovery Center est une aire de jeux pour les moins de huit ans. (617-723-2500 ; www.mos.org ; Charles River Dam ; musée adulte/enfant 29/24 $, planétarium adulte/enfant 10/8 $, cinéma adulte/enfant 10/8 $; 9h-19h sam-jeu juil-août, 9h-17h sept-juin, 9h-21h ven toute l'année ; P ; T Science Park/West End)

Old North Church

ÉGLISE

2 PLAN P. 48, H2

Henry Longfellow a immortalisé cette élégante église dans son poème *Paul Revere's Ride* (la Chevauchée de Paul Revere). C'est ici, la nuit du 18 avril 1775, que le sacristain Robert Newman accrocha deux lanternes au clocher pour avertir de l'avancée par voie maritime des Britanniques vers Lexington et Concord. À ce signal, le patriote Paul Revere se lança au galop pour prévenir les villages alentour. Également appelée Christ Church, cette église anglicane de 1723 est la plus vieille église de Boston. (Christ Church ; 617-858-8231 ; www.oldnorth.com ; 193 Salem St ; adulte/enfant 8/4 $, plus 2 $ le circuit ; 10h-17h mar-sam, 12h30-17h dim ; T Haymarket, North Station)

Paul Revere House

DEMEURE HISTORIQUE

3 PLAN P. 48, H4

C'est de sa maison sur North Sq que l'orfèvre Paul Revere partit à cheval prévenir les patriotes de l'arrivée des Britanniques à Lexington et Concord. Construite en 1680, cette petite demeure en bardeaux est la plus ancienne de Boston. Une visite autonome dans la maison et la cour donne un aperçu de sa vie de famille – avec ses 16 enfants ! (617-523-2338 ; www.paulreverehouse.org ; 19 North Sq ; adulte/enfant 4,5/1 $; 10h-17h15 mi-avr à oct, jusqu'à 16h15 nov à mi-avr, fermé lun jan-mars ; T Haymarket)

Copp's Hill Burying Ground

CIMETIÈRE

4 PLAN P. 48, G2

Le deuxième plus vieux cimetière de Boston, aménagé en 1660, abrite quelque 10 000 défunts. Il doit son nom à William Copp, propriétaire originel du terrain.

Les sépultures les plus anciennes sont celles de ses enfants, qui côtoient les tombes de grandes familles bostoniennes et de plusieurs autres personnalités. (Hull St ; 8h-17h ; T North Station)

Se restaurer

Galleria Umberto

PIZZA $

5 PLAN P.48, H4

Assiettes en carton, pizza sicilienne et soda. Cette institution du midi – grande gagnante du prix James Beard 2018 – ferme aussitôt que toutes ses pizzas ont été vendues – souvent en amont de l'horaire officiel (15h) tant elles sont délicieuses. Les habitués font la queue tôt (certains, dès avant l'ouverture) pour s'assurer d'être servis. Pas de carte bancaire. (617-227-5709 ; 289 Hanover St ; plats 2-5 $; 11h-15h lun-sam ; ; T Haymarket)

Pizzeria Regina

PIZZA $

6 PLAN P. 48, G3

Reine des pizzerias du North End, cette adresse légendaire est connue pour ses serveuses brusques mais attachantes et ses pizzas à pâte fine et croustillante. Sa sauce légèrement épicée (parfumée au romano vieilli) lui vaut bien des louanges ; un célèbre site Internet de voyage considère ces pizzas comme les meilleures du pays. L'attente en vaut la peine. (617-227-0765 ; www.pizzeriaregina.com ; 11½ Thacher St ; pizzas 13-24 $; 11h-21 dim-mer, 11h-22h jeu-sam ; ; T Haymarket)

Pizzeria Regina

Le West End Museum

Le West End, quartier autrefois communautaire et vivant, fut rasé pour rénovation dans les années 1950. Il est désormais dominé par le béton et les bâtiments institutionnels. Consacré à la mémoire de ce qu'il fut, le **West End Museum** (plan p. 48, D3 ; ☎617-723-2125 ; www.thewestendmuseum.org ; 150 Staniford St ; entrée libre ; ⌚12h-17h mar et ven, 11-16h sam ; Ⓣ North Station) informe des conséquences d'un développement urbain non contrôlé. L'exposition principale *The Last Tenement* (Le dernier immeuble) retrace l'histoire du quartier de 1850 à 1958, en se concentrant sur les immigrés, l'évolution économique et la destruction finale.

Pauli's — SANDWICHS $

7 PLAN P. 48, G4

Pour déguster un "*lobsta roll*", 200 g de délicieux homard rosé dans un petit pain à hot dog légèrement grillé, filez chez Pauli's. La plupart des sandwichs de la vaste carte sont savoureux ; ceux qui se soucient de leur santé penchent pour le California wrap. (☎857-284-7064 ; www.paulisnorthend.com ; 65 Salem St ; plats 9-30 $; ⌚8h-21h lun-ven, 10h-21h sam, 10h-17h dim ; Ⓣ Haymarket)

Pomodoro — ITALIEN $$

8 PLAN P. 48, H3

Ce charmant restaurant offre l'un des cadres les plus romantiques du North End pour un repas italien (la réservation est impérative). Les plats sont simples mais préparés à la perfection : pâtes fraîches, sauce tomate épicée, poissons et viandes grillés, et vin au verre. Mis à rude épreuve par la pandémie, l'établissement devrait connaître une renaissance. Carte bancaire non acceptée. (☎617-367-4348 ; 351 Hanover St ; plats 22-30 $; ⌚17h30-23h ; Ⓣ Haymarket)

Scopa — ITALIEN $$

9 PLAN P. 48, H4

Chaque repas commence ici par un très bon pain plat italien chaud, servi avec un choix d'huiles d'olive. Et ce n'est qu'un avant-goût des délices qui suivent, par exemple boulettes de viande vénitiennes ou risotto aux *porcini* (cèpes). Atmosphère intime et service invariablement excellent. (☎857-317-2871 ; 319 Hanover St ; plats 19-28 $; ⌚11h-23h ; Ⓣ Haymarket)

Carmelina's — ITALIEN $$

10 PLAN P. 48, H4

Avec une grande baie vitrée ouvrant sur la rue et des tabourets installés face à la cuisine ouverte, les curieux ne sont pas en reste chez Carmelina's. Cet établissement au décor sobre et contemporain et aux murs de brique apparente sert des plats siciliens traditionnels revisités avec une touche américaine. Les habitués prisent les pâtes Crazy Alfredo et les Sunday Macaroni (servis tous les jours). (617-742-0020 ; www.carmelinasboston.com ; 307 Hanover St ; 20-33 $; 12h-22h ; ; T Haymarket)

Daily Catch

FRUITS DE MER $$

11 PLAN P. 48, H4

Bien que son patron, Paul Freddura, ait installé depuis longtemps une poignée de tables et une cuisine ouverte, ce minuscule restaurant de fruits de mer sicilien perpétue une atmosphère de marché aux poissons – avec son vin servi dans des gobelets en plastique. Heureusement, il en conserve aussi la fraîcheur des produits. Sa spécialité est la *tinta de calamari* (pâtes à l'encre de seiche). Espèces uniquement. (617-523-8567 ; thedailycatch.com ; 323 Hanover St ; plats 18-32 $; 11h-21h dim-jeu, 11h-22h ven-sam ; T Haymarket)

Giacomo's Ristorante

ITALIEN $$

12 PLAN P. 48, H3

Les clients patientent avant l'ouverture pour avoir une table au premier service dans ce restaurant, l'un des favoris du North End. L'aimable service et la petite salle se prêtent à faire connaissance avec ses voisins. Cuisine sans chichis du sud de l'Italie, servie en portions impressionnantes. Paiement en espèces uniquement. (617-523-9026 ; www.giacomosboston.com ; 355 Hanover St ; plats 14-19 $; 12h-22h dim-jeu, 12h-22h30 ven-sam ; ; T Haymarket)

Neptune Oyster

FRUITS DE MER $$$

13 PLAN P. 48, G4

La carte, principalement italienne, affiche quelques plats mexicains, français, du Sud et de la Nouvelle-Angleterre L'impressionnant bar à fruits de mer et les spécialités de la mer du jour confirment la singularité du Neptune. Pas de réservation : arrivez tôt et soyez prêt à attendre. (617-742-3474 ; www.neptuneoyster.com ; 63 Salem St ; plats 19-39 $; 11h30-21h30 dim-jeu, jusqu'à 22h30 ven et sam ; T Haymarket)

TreMonte

ITALIEN $$$

14 PLAN P. 48, G4

Les clients comblent de louanges ce restaurant du North End, qui sert des classiques du nord de l'Italie dans son élégante salle aux grandes fenêtres donnant sur Salem St. La *parmigiana* de poulet et les côtes de porc grillées sont particulièrement appréciées. Bon choix de vins italiens (mais pas d'alcool fort). Service impeccable. (617-530-1132 ; www.tremonterestaurant.com ; 76 Salem St ; plats 18-32 $; 16h-22h dim-mar, 16h-22h30 mer-jeu, 16h-23h ven-sam ; T Haymarket)

Mikes contre Modern

La rivalité entre le **Mike's Pastry** (plan p. 48, H4 ; 617-742-3050 ; www.mikespastry.com ; 300 Hanover St ; pâtisseries 3-5 $; 8h-22h dim-jeu, 8h-23h ven-sam ; T Haymarket) et le **Modern Pastry** (plan p. 48, H4 ; 617-523-3783 ; www.modernpastry.com ; 257 Hanover St ; douceurs 2-4 $; 7h-23h dim-jeu, 7h-minuit ven-sam ; T Haymarket), à un pâté de maisons l'un de l'autre dans Hanover St, est à peine moins âpre que celle qui oppose les Red Sox aux Yankees. Si vous avez le temps de faire la queue, essayez les deux et choisissez votre camp.

Prendre un verre

Ward 8

BAR À COCKTAILS

15 PLAN P. 48, F3

Les barmen préparent dans ce bar à l'ancienne, quantité de cocktails (dont le fameux Ward 8). La carte affiche aussi des bières artisanales et des spécialités de nouvelle cuisine américaine (goûtez les *sesame chili duck wings* – ailes de canard au sirop d'érable épicé). Atmosphère élégante mais conviviale, unique dans le quartier du West End. (617-823-4478 ; www.ward8.com ; 90 N Washington St ; 17h-minuit lun, 17h-1h mar-jeu, 17h-2h ven, 10h-23h sam, 10h-minuit dim ; T North Station, Haymarket)

Alibi

BAR À COCKTAILS

16 PLAN P. 48, A5

Un bar branché aménagé dans la cellule de dégrisement de l'ancienne prison de Charles St – transformée en hôtel de luxe. Le thème carcéral domine, avec des photos d'identité judiciaires collées aux murs de brique, ainsi que des barreaux aux portes et fenêtres. Les prix flambent et le service peut laisser à désirer, mais boire un verre dans une prison reste une expérience étonnante ! Tenue correcte vivement conseillée. (857-241-1144 ; www.alibiboston.com ; 215 Charles St, Liberty Hotel ; 17h-minuit lun-jeu, 17h-2h ven-sam, 17h-22h dim ; T Charles/MGH)

Caffè Vittoria

CAFÉ

17 PLAN P. 48, H4

Adresse agréable pour un dessert ou un apéritif. Installez-vous à une table en marbre, commandez un cappuccino et profitez de l'ambiance romantique du cadre victorien, avec ses vieilles machines à expresso, ses photos en noir et blanc et son plafond en tôle embossée. Espèces uniquement, comme à l'époque. (617-227-7606 ;www.caffevittoria.com ; 290-96 Hanover St ; 7h-minuit dim-jeu, 7h-0h30 ven-sam ; ; T Haymarket)

Caffè Dello Sport

BAR SPORTIF

18 PLAN P. 48, H4

Des gars du quartier au fort accent viennent ici échanger des nouvelles en sirotant expresso et Campari. Un excellent endroit où regarder un match de football ou simplement observer les autres clients. Les *cannoli* sont un délice. Espèces uniquement. (617-523-5063 ; www.caffedellosport.net ; 308 Hanover St ; 6h-23h30 lun-jeu, 6h-minuit ven, 7h-0h30 sam-dim ; ; T Haymarket)

West End Johnnies

BAR SPORTIF

19 PLAN P. 48, E4

Ce beau bar au mobilier de cuir noir et aux murs ornés de photos sportives rétro fait aussi boîte de nuit les soirs de week-end et, surtout, lieu de brunch le dimanche ; où que vous ayez passé votre samedi soir, le *JC's corned-beef hash and eggs* (pommes de terre, œufs et corned-beef) et la musique reggae live sont un excellent moyen de reprendre des forces. (617-227-1588 ; www.westendjohnnies.com ; 138 Portland St ; 16h-23h mar-jeu, 16h-2h ven-sam, 11h-15h dim ; T North Station)

Sortir

Improv Asylum

HUMOUR

20 PLAN P. 48, G4

Un théâtre en sous-sol : le cadre idéal pour cette troupe décalée à l'humour noir. Nul sujet n'est trop sensible, et le politiquement correct n'est pas de mise. Si les spectacles varient de soir en soir,

Mike's Pastry

La grande inondation de mélasse

Pendant des années, Boston fut un chef de file de la production et de l'exportation de rhum, fabriqué à partir de canne à sucre des Caraïbes. Dans le North End, près de la rive, s'élevait un immense réservoir de la Purity Distilling Company. Un matin de janvier 1919, ce dernier, rempli à ras bord de mélasse brune, se mit soudain à trembler et explosa sous la pression, projetant, à la manière d'une éruption, quelque huit millions de litres de substance visqueuse sur la ville.

La déflagration rasa les immeubles environnants et balaya un train de marchandises chargé. Pris de panique, hommes et animaux fuirent la vague de mélasse qui déferla dans les rues, submergeant tout sur son passage. La catastrophe tua une dizaine de chevaux et 21 personnes, et en blessa des centaines d'autres. Le nettoyage prit près de six mois. *Dark Tide*, du journaliste Stephen Puleo, offre un fascinant compte rendu des causes de cette dévastation et de la controverse qui l'entoura.

le classique Mainstage Show mêle improvisation et sketchs comiques qui vous feront rire à coup sûr. Le spectacle du samedi à minuit, "Raunchy", porte bien son nom. (☎617-263-6887 ; www.improvasylum.com ; 216 Hanover St ; billets 10-28 $; ⏲spectacles 20h dim-jeu, 19h30, 22h et minuit ven-sam ; T Haymarket)

TD Garden

STADE

21 ★ PLAN P. 48, D2

L'équipe de hockey des Boston Bruins joue de septembre à juin, tandis que les basketteurs des Celtics jouent d'octobre à avril. La plus grande salle de la ville accueille aussi des concerts d'artistes internationaux tels que Katy Perry, Jay-Z, Lorde ou Guns' N Roses. (☎617-624-1000 ; www.tdgarden.com ; 150 Causeway St ; T North Station)

Shopping

Salmagundi

CHAPEAUX

22 PLAN P. 48, G4

Si le magasin principal de l'enseigne, à Jamaica Plain, affiche un plus grand choix, cette boutique propose tout de même quelque 4 000 couvre-chefs, allant des casquettes et chapeaux fonctionnels pour se protéger du soleil aux somptueux feutres et hauts-de-forme pour les occasions spéciales. Vous trouverez à coup sûr celui qu'il vous faut. (☎617-936-4015 ; www.salmagundiboston.com ; 61 Salem St ; ⏲11h-17h mer-jeu, 11h-19h ven-sam ; T Haymarket)

Converse at Lovejoy Wharf

CHAUSSURES

23 PLAN P. 48, F2

Le magasin phare de Converse, au rez-de-chaussée du siège mondial de la marque, propose un beau choix de ses tennis classiques et quelques modèles originaux sur le thème de Boston ("Exclusive at Lovejoy Wharf"). Vous pourrez aussi commander une paire sur mesure, avec couleurs et dessins à votre préférence. (617-377-1000 ; www.converse.com ; 140 N Washington St ; 11h-18h lun-sam ; T North Station)

North Bennet Street School

ARTISANAT

24 PLAN P. 48, H4

Cette école forme des artisans depuis plus d'un siècle. Créée en 1885, elle propose des formations aux métiers traditionnels de relieur, ébéniste ou serrurier. La galerie de l'école vend de formidables pièces réalisées par les élèves, aussi bien actuels qu'anciens. On y trouve des bijoux uniques, des carnets faits main et de superbes meubles et instruments de musique en bois. (617-227-0155 ; www.nbss.edu ; 150 North St ; 9h30-17h30 lun-ven ; T Haymarket)

Sedurre

MODE

25 PLAN P. 48, H3

Si vous parlez italien, vous saurez que l'on trouve ici de belles choses (*sedurre* signifie "séduire"). La boutique était d'abord spécialisée dans la lingerie fine – avec de jolis sous-vêtements en dentelles. Or les sœurs Robyn et Daria se révélaient si douées qu'elles complétèrent leur offre par des robes, des tenues de soirée et des bijoux. (617-720-4400 ; www.sedurreboston.com ; 28½ Prince St ; 11h-19h lun-mer, 11h-20h jeu-ven, jusqu'à 21h sam, 12h-18h dim ; T Haymarket)

Explorer

Beacon Hill et Boston Common

Bordé par le Boston Common, plus vieux parc public du pays et cœur de la ville, et dominé par la coupole dorée de la Massachusetts State House, Beacon Hill est le quartier le plus réputé de Boston, avec ses rues commerçantes et résidentielles pleines de charme.

Notre sélection

- ***Public Garden (p. 64)*** *Humez le doux parfum des fleurs de saison des arbres et des parterres.*
- ***Boston Common (p. 60)*** *Emportez un pique-nique pour un après-midi détente ou une soirée théâtre en plein air.*
- ***Charles Street (p. 70)*** *Dénichez des trésors dans ses magasins d'antiquités et ses jolies boutiques.*
- ***Black Heritage Trail (p. 68)*** *Découvrez l'histoire des premiers Afro-Américains installés à Beacon Hill.*
- ***Massachusetts State House (p. 68)*** *Repérez la Morue Sacrée, le Saint Maquereau et d'autres emblèmes célèbres.*

Comment y aller et circuler

M À l'intersection de la ligne rouge et de la ligne verte, la station Park St donne accès au Boston Common et aux sites de la partie sud-est de Beacon Hill. Sur la ligne rouge, la station Charles/MGH est pratique pour gagner Charles St, Cambridge St et la Charles River Esplanade.

Plan de Beacon Hill et du Boston Common p. 66

Massachusetts State House (p. 68) CO LEONG/SHUTTERSTOCK ©

Les incontournables

Boston Common

Aménagé en 1634, le Boston Common est le plus vieux parc des États-Unis. Il eut bien des fonctions au fil du temps, notamment celle de campement pour les troupes britanniques pendant la guerre d'Indépendance et de pâturage jusque dans les années 1830. Bien qu'il soit toujours autorisé d'y faire paître le bétail, le parc de 20 ha accueille désormais les pique-niqueurs et les amateurs de bain de soleil.

PLAN P. 66, E4

Entre Tremont St, Charles St, Beacon St et Park St

6h-minuit

P

T Park St

Blaxton Plaque

En 1634, William Blaxton vendit un morceau de terrain à la colonie de la baie du Massachusetts pour 30 £ comme pâturage pour les vaches, ce qui marqua les modestes débuts du Boston Common, le plus ancien parc public du pays. Cette **plaque** porte les termes du traité entre Blaxton et le gouverneur Winthrop.

Brewer Fountain

Datant de 1868, cette belle fontaine de bronze fut offerte à la ville par le riche commerçant Gardner Brewer. Elle présente quatre divinités de l'Antiquité : le dieu romain des Eaux, Neptune ; la déesse grecque de la Mer, Amphitrite ; ainsi qu'Acis et la néréide Galatée, tous deux présents dans les *Métamorphoses* d'Ovide. L'original, créé par le sculpteur français Michel Liénard, a été récompensé d'une médaille d'or lors de l'Exposition universelle de Paris, en 1855.

Robert Gould Shaw Memorial

Il fallut près de 13 ans à Augustus Saint-Gaudens pour sculpter ce magnifique **bas-relief** (angle Beacon St et Park St) en hommage au 54e régiment d'infanterie du Massachusetts, premier régiment noir de la nation (mis à l'honneur dans le film de 1989 *Glory*). Ces soldats refusèrent leur solde mensuelle pendant près de deux ans, jusqu'à ce que le Congrès l'augmente au niveau de celle des régiments blancs. Shaw (fils d'une riche famille bostonienne) et la moitié de ses hommes périrent dans une bataille à Fort Wagner, en 1863 en Caroline du Sud. Le circuit du National Park Service (NPS) sur le **Black Heritage Trail** (☎617-742-5415 ; www.nps.gov/boaf ; ⏲circuits 13h lun-sam, plus fréquents en été ; Ⓣ Park St) part d'ici.

★ À savoir

- Sur place, le **kiosque d'information** (Centre des visiteurs GBCVB ; Plan p. 66 ; F4 ; ☎617-426-3115 ; www.bostonusa.com ; ⏲8h30-17h lun-ven, à partir de 9h sam-dim ; Ⓣ Park St) fournit renseignements, plans, etc.
- Le kiosque est aussi le point de départ des visites guidées par la Freedom Trail Foundation (☎617-357-8300 ; www.thefreedomtrail.org ; adulte/enfant 16/8 $; Ⓣ Park St).
- Le Boston Common est souvent appelé "the Common" dans le jargon local, mais attention, toujours au singulier car "the Commons" signifie réfectoire !

✕ Une petite faim ?

- **Le Bon Me** (www.bonmetruck.com) est notre *food truck* préféré près de la station Park St.

Autrement, essayez **Earl of Sandwich** (p. 65), installé dans le joli "Pink Palace", d'anciennes toilettes publiques réhabilitées.

Boston Massacre Monument

Ce monument, haut de 7,60 m, rend hommage aux cinq victimes du massacre de Boston, qui se déroula dans la rue face à l'Old State House. La célèbre gravure de propagande que fit Paul Revere de ce tragique événement y est reproduite. Elle présente des soldats tirant de sang-froid sur des colons sans défense, alors qu'en réalité ils se défendaient face à une foule agressive.

Soldiers & Sailors Monument

Inauguré en 1877, cet imposant monument au sommet de Flagstaff Hill rend hommage aux soldats et marins morts pendant la guerre de Sécession. Les quatre statues de bronze représentent la paix (le personnage féminin qui regarde vers le sud), le marin (qui regarde vers l'océan), l'histoire (le Grec qui regarde le ciel) et le soldat (au repos). De nombreuses figures historiques sont détaillées sur le bas-relief en bronze.

Frog Pond

Quand la température chute, le parc offre un magnifique cadre hivernal. Le **Frog Pond** (☎617-635-2120 ; www.bostonfrogpond.com ; adulte/enfant 8 $/gratuit, location de patins 15/10 $; ⏰10h-15h45 lun, jusqu'à 21h mar-jeu et dim, jusqu'à 22h ven-sam mi-nov à mi-mars ; 👪 ; Ⓣ Park St) devient alors une patinoire fréquentée le week-end mais aussi à midi en semaine, les inconditionnels profitant de leur pause-déjeuner pour patiner. Aux

Le massacre de Boston

Face à l'Old State House (p. 64), le Boston Massacre Site, un pavage au sol cerclé de bronze, marque le lieu du premier affrontement sanglant du mouvement d'indépendance.

Le 5 mars 1770, une foule de colons en colère assaillit les soldats britanniques qui gardaient la State House. Sam Adams, John Hancock et une quarantaine d'opposants lancèrent boules de neige, pierres et insultes. Sous la provocation, les soldats tirèrent sur la foule, tuant cinq personnes, dont Crispus Attucks, un ancien esclave.

L'incident suscita une vive animosité envers les Britanniques, que le patriote Paul Revere contribua à intensifier en diffusant largement une gravure présentant la scène comme un véritable massacre. Curieusement, John Adams et Josiah Quincy – tous deux opposés à l'autoritarisme britannique – assurèrent la défense des soldats accusés au tribunal, et parmi les neuf, sept furent acquittés.

beaux jours, le bassin fait office de pataugeoire, les enfants venant se rafraîchir sous les jets d'eau.

Tadpole Playground

Nous ne pouvons dire si l'aire de jeux du premier parc public des États-Unis fut la première du pays. Quoi qu'il en soit, c'est l'un des terrains de jeux le plus populaire de Boston, l'espace, envahi d'enfants, est immense. Il y a aussi un manège à proximité.

Shakespeare on the Common

Chaque été, la Commonwealth Shakespeare Company (☎617-426-0863 ; www.commshakes.org ; Boston Common ; ⌚juil-août ; Ⓣ Park St) met en scène une grande pièce en plein air, dans le Boston Common. Les pièces jouées lors du festival **Shakespeare on the Common** s'adressent souvent au grand public et attirent nombre de spectateurs. Prenez une couverture et installez-vous pour profiter d'une représentation gratuite sous les étoiles.

Central Burying Ground

Le Central Burying Ground (Boylston St ; ⌚9h-17h ; Ⓣ Boylston) de 1756 est le moins connu des cimetières anciens puisqu'il accueillait les indigents. Le Boston Illustrated d'Edwin Bacon explique qu'on y enterrait les "catholiques et les étrangers qui mouraient dans la ville". Selon des documents, les soldats britanniques morts dans la bataille de Bunker Hill y seraient enterrés dans une fosse commune non indiquée. Le nom le plus célèbre du cimetière est celui de Gilbert Stuart, le "père du portrait américain" ; il a peint celui de George Washington qui apparaît sur le billet de 1 dollar.

Les incontournables

Public Garden

Cette oasis botanique de près de 10 ha comprend des parterres de fleurs victoriens, des roseraies, des pelouses verdoyantes et un plan d'eau tranquille ombragé par les saules pleureurs. Comme Back Bay, c'était un marais salé jusqu'à son comblement au début du XIXe siècle. Selon la saison, il est dominé par les fleurs, les feuilles dorées ou la neige.

PLAN P. 66, C4

617-723-8144

www.friendsofthepublicgarden.org

Arlington St

lever-coucher du soleil

Arlington

Monuments

À l'entrée principale (Arlington St), une imposante **statue équestre de George Washington** accueille les visiteurs.

D'autres œuvres d'art public sont plus fantaisistes ; **Make Way for Ducklings** (en photo ; T Arlington), représentant les personnages principaux du livre pour enfants du même nom de Robert McCloskey (*Laissez passer les canards*), est toujours très prisé des tout-petits, qui peuvent s'asseoir sur les canards en bronze. Dans l'histoire, un gentil policier de Boston aide Mme Mallard et ses huit canetons à traverser une rue très fréquentée.

Les enfants apprécient aussi les petites fontaines aux sculptures amusantes, notamment **Boy and Bird** de Bashka Paeff et **Triton Babies** d'Anna Coleman Ladd.

Du côté nord-ouest du plan d'eau, l'**Ether Monument** commémore la première utilisation de l'anesthésie à des fins médicales, à Boston. Il s'agit du plus ancien monument du jardin, datant de 1868. La sculpture en bronze évoque l'histoire du Bon Samaritain.

Non loin, **Angel of the Waters**, beauté de bronze et de granit réalisée par Daniel Chester French en 1924 et restaurée en 2016, rend hommage au philanthrope local George Robert White.

Swan Boats

L'histoire des **bateaux-cygnes** (☎ 617-522-1966 ; www.swanboats.com ; adulte/enfant 4,50/3 $; ⏲ 10h-16h avr-juin, 10h-17h juil-août) remonte à 1877, année où Robert Paget mit au point un catamaran à roue à aubes actionnée par des pédales. S'inspirant de l'opéra *Lohengrin*, dans lequel un chevalier héroïque traverse une rivière sur une barque tirée par un cygne, il conçut un gracieux cygne pour cacher le capitaine du bateau. Les Swan Boats d'aujourd'hui, plus grands que l'original, utilisent toujours la même technologie.

★ À savoir

- Friends of the Public Garden (FOPG) propose des circuits à pied gratuits de mai à septembre. Celui d'une heure part de la statue *Make Way for Ducklings*. Consultez le programme sur le site Internet.
- Vous pouvez aussi visiter le parc avec l'appli de FOPG.
- Ne donnez à manger ni aux canards, ni aux écureuils !

✕ Une petite pause ?

Le Bistro du Midi (p. 100) occupe un bel endroit donnant sur le parc.

Si vous préférez pique-niquer, rejoignez les *food trucks* ou **Earl of Sandwich** (☎ 617-426-1395 ; www.earlofsandwichusa.com ; 1b Charles St, Boston Common ; sandwichs 7-11 $; ⏲ 11h-18h dim-jeu, 11h-19h ven-sam ; T Park St, Boylston) dans le Boston Common.

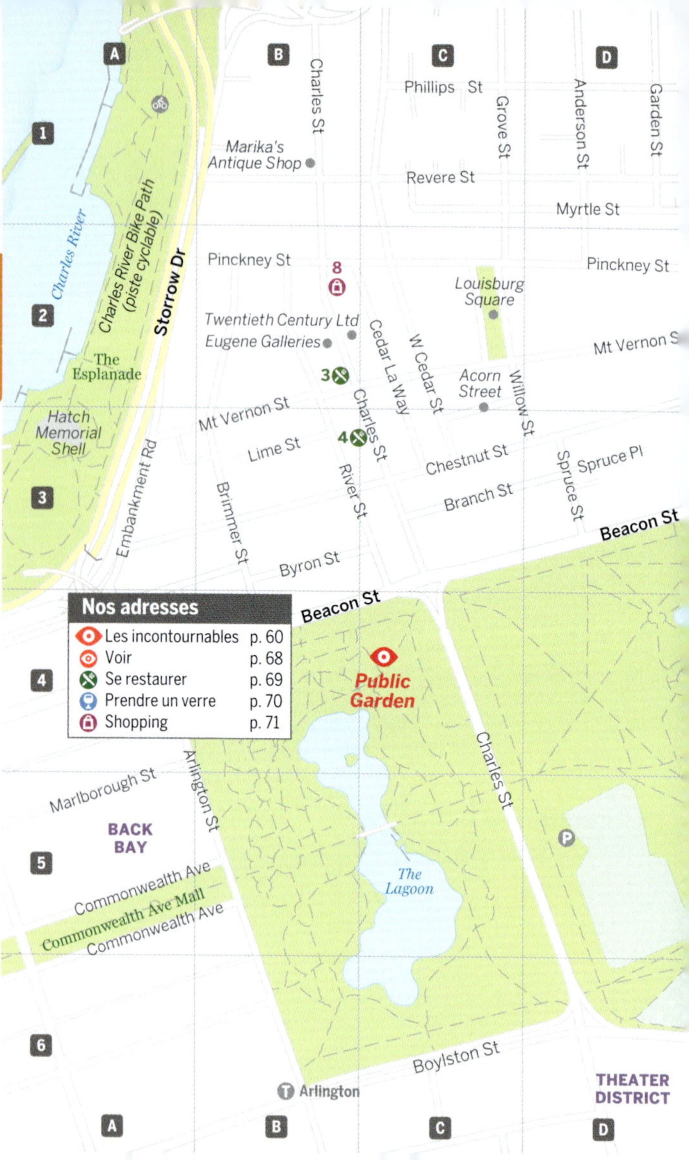
A
B
C
D
1
2
3
4
5
6
Charles River
Charles River Bike Path (piste cyclable)
Storrow Dr
The Esplanade
Hatch Memorial Shell
Embankment Rd
Charles St
Marika's Antique Shop
Phillips St
Grove St
Anderson St
Garden St
Revere St
Myrtle St
Pinckney St
Pinckney St
8
Louisburg Square
Twentieth Century Ltd
Eugene Galleries
Cedar La Way
W Cedar St
Mt Vernon St
3
Acorn Street
Willow St
Mt Vernon St
Lime St
4
Charles St
Chestnut St
Spruce Pl
Spruce St
Brimmer St
River St
Branch St
Beacon St
Byron St
Beacon St
Nos adresses
Les incontournables p. 60
Voir p. 68
Se restaurer p. 69
Prendre un verre p. 70
Shopping p. 71
Public Garden
Charles St
Arlington St
Marlborough St
BACK BAY
Commonwealth Ave
Commonwealth Ave Mall
Commonwealth Ave
The Lagoon
Boylston St
Arlington
THEATER DISTRICT

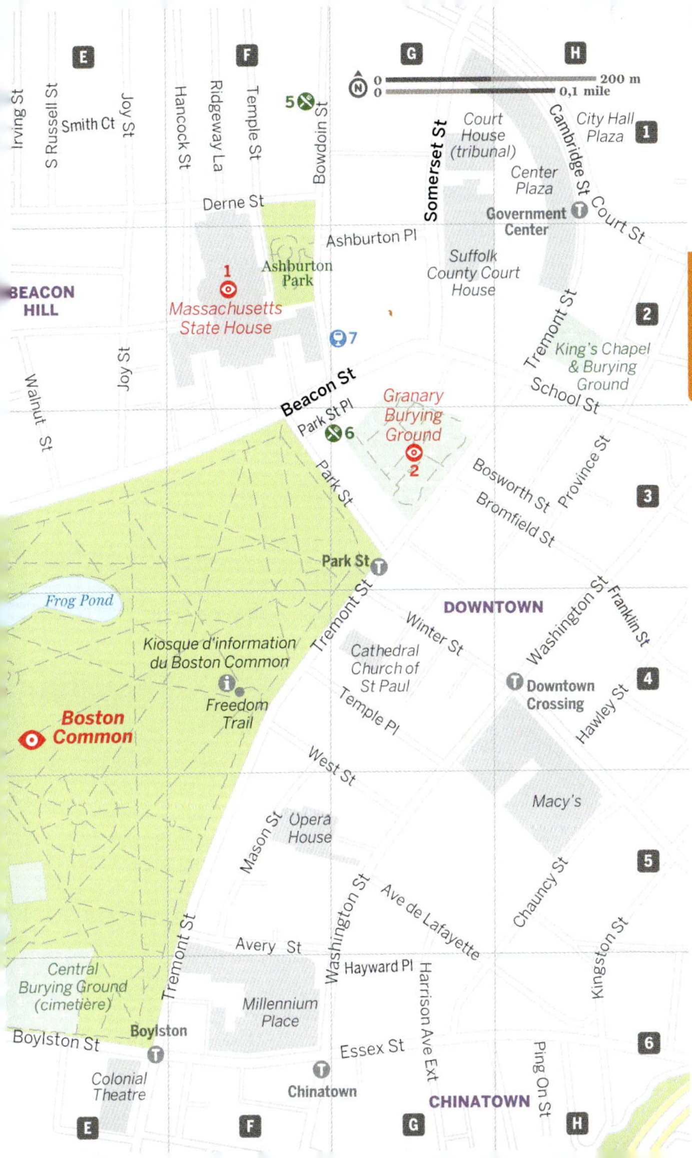
E
F
G
H
0 200 m
0 0,1 mile
1
2
3
4
5
6
Irving St
S Russell St
Smith Ct
Joy St
Hancock St
Ridgeway La
Temple St
Bowdoin St
5
Somerset St
Court House (tribunal)
City Hall Plaza
Cambridge St
Center Plaza
Government Center
Court St
Derne St
Ashburton Pl
Ashburton Park
Suffolk County Court House
BEACON HILL
1
Massachusetts State House
7
Tremont St
King's Chapel & Burying Ground
School St
Walnut St
Joy St
Beacon St
Park St Pl
6
Granary Burying Ground
2
Park St
Bosworth St
Province St
Bromfield St
Park St
Frog Pond
Tremont St
DOWNTOWN
Winter St
Washington St
Franklin St
Kiosque d'information du Boston Common
Cathedral Church of St Paul
Downtown Crossing
Hawley St
Freedom Trail
Temple Pl
Boston Common
West St
Macy's
Mason St
Opera House
Washington St
Ave de Lafayette
Chauncy St
Tremont St
Avery St
Hayward Pl
Harrison Ave Ext
Kingston St
Central Burying Ground (cimetière)
Millennium Place
Boylston St
Boylston
Essex St
Ping On St
Colonial Theatre
Chinatown
CHINATOWN

Black Heritage Trail

Beacon Hill n'a jamais été le domaine réservé de la haute société bostonienne. Au XIXe siècle, les Afro-Américains émancipés s'installèrent à l'arrière de la colline, où ils œuvrèrent à améliorer les logements, à ouvrir des écoles et à créer des opportunités pour les habitants noirs. Parcourez le **Black Heritage Trail** (p. 61) en compagnie des rangers du NPS.

Ces excellents circuits gratuits d'une heure et demie, au départ du Shaw Memorial, dans le Boston Common, explorent l'histoire du mouvement abolitionniste et de l'établissement des Afro-Américains à Beacon Hill. On peut aussi découvrir l'itinéraire sans guide avec l'appli NPS Freedom Trail (www.nps.gov/bost/planyourvisit/app.htm) ou la carte fournie par le Museum of African American History.

Voir

Massachusetts State House

ÉDIFICE HISTORIQUE

1 PLAN P. 66, F2

Les responsables politiques du Massachusetts élaborent les lois de l'État au sein du siège du gouvernement. Sur un terrain fourni par John Hancock (qui y faisait auparavant paître ses vaches), Charles Bulfinch conçut en 1798 cet imposant capitole au dôme doré que l'écrivain Oliver Wendell Holmes qualifia de "centre du système solaire" (d'où le surnom de "the Hub" – le centre – attribué à Boston). La visite gratuite de 40 minutes couvre l'histoire, l'art, l'architecture et les personnalités politiques des lieux. (617-727-7030 ; www.sec.state.ma.us ; angle Beacon St et Bowdoin St ; entrée libre ; 8h45-17h lun-ven, visites 10h-15h30 lun-ven ; T Park St)

Granary Burying Ground

CIMETIÈRE

2 PLAN P. 66, G3

Ce charmant cimetière datant de 1660 abrite quantité de tombes historiques dont la plupart sont ornées de gravures évocatrices (et sinistres). Tous les héros révolutionnaires y reposent, y compris les plus célèbres : Paul Revere, Samuel Adams, John Hancock et James Otis. Benjamin Franklin est enterré à Philadelphie, mais le caveau familial (obélisque) renferme la tombe de ses parents. (Tremont St ; 9h-17h ; T Park St)

Se restaurer

Tatte

BOULANGERIE $

3 PLAN P. 66, B2

Une merveilleuse boulangerie située au rez-de-chaussée de l'historique Charles St Meeting House. Les pâtisseries et en-cas, à partir de 3 $, sont à se damner et encore meilleurs si vous arrivez à trouver une table sur la terrasse ensoleillée. (617-723-5555 ; www.tattebakery.com ; 70 Charles St ; plats 10-15 $; 7h-20h lun-sam, 8h-19h dim ; T Charles/MGH)

Paramount

CAFÉTÉRIA $$

4 PLAN P. 66, B3

Une cafétéria à l'ancienne qui propose une carte classique de *diner* de qualité avec pancakes, burgers, frites maison, sandwichs et copieuses salades. Le pain perdu (*French toast*) à la banane et au caramel est un incontournable du brunch. L'attente peut sembler interminable, mais les clients disent qu'elle en vaut la peine. (617-720-1152 ; www.paramountboston.com ; 44 Charles St ; plats 17-24 $; 8h-21h tlj ; T Charles/MGH)

Grotto

ITALIEN $$

5 PLAN P. 66, F1

Dans un sous-sol sombre à l'arrière de Beacon Hill, le Grotto ("grotte") porte bien son nom. La déco branchée est à l'image de la carte innovante. Réservation conseillée. (617-227-3434 ; www.

Granary Burying Ground

Les antiquaires de Beacon Hill

Il fut un temps où Charles St était bordée uniquement d'antiquaires : certains historiens affirment que le commerce d'antiquités du pays est né ici, à Beacon Hill. Il reste, à ce jour, suffisamment de boutiques pour combler les chineurs.

Eugene Galleries (Plan p. 66, B2 ; 617-227-3062 ; 76 Charles St ; 11h-18h lun-sam, 12h-18h dim ; T Charles/MGH). Minuscule boutique au choix remarquable de vieilles gravures et de cartes anciennes.

Twentieth Century Ltd (Plan p. 66, B2 ; 617-742-1031 ; www.boston-vintagejewelry.com ; 73 Charles St ; 11h-18h lun-sam, 12h-17h dim ; T Charles/MGH). Des bijoux certes, mais des bijoux réalisés par les grands créateurs d'antan.

Marika's Antique Shop (Plan p. 66, B1 ; 617-523-4520 ; 130 Charles St ; 11h-18h lun-sam, 12h-17h dim). Une mine de bijoux, d'argenterie et de porcelaine.

grottorestaurant.com ; 37 Bowdoin St ; plats 21-27 $, dîner de 3 plats 36-42 $; 17h-21h dim-jeu et 17h-22h ven-sam ; T Bowdoin)

No 9 Park

EUROPÉEN $$$

6 PLAN P. 66, G3

Si le prestige de la cheffe Barbara Lynch s'étend aujourd'hui sur toute la ville, c'est le No 9 Park qui l'a rendue célèbre. Au programme : des chefs-d'œuvre culinaires français et italiens, et une carte des vins de premier ordre. Réservation conseillée. (617-742-9991 ; www.no9park.com ; 9 Park St ; plats 37-47 $, menu dégustation 6 plats 125 $; 17h-22h mar-sam, 17h-21h dim-lun ; T Park St)

Prendre un verre

21st Amendment

PUB

7 PLAN P. 66, G2

Du nom de l'un des principaux amendements de la Constitution des États-Unis (abrogeant la prohibition), le **21st Amendment** est apprécié des employés surdiplômés et sous-payés de l'État qui s'y retrouvent et se plaignent des rouages du gouvernement. En hiver, installez- vous et dégustez une stout près de la cheminée à la hotte en cuivre. (617-227-7100 ; www.21stboston.com ; 150 Bowdoin St ; 11h30-2h ; T Park St)

Shopping

Beacon Hill Chocolates

ALIMENTATION

8 PLAN P. 66, B2

Ce chocolatier artisanal accorde autant de soin à la sélection de ses chocolats, venus du monde entier, qu'à la conception de jolies boîtes pour les emballer. Habillées de découpages de cartes postales, de photos et d'images anciennes, ces boîtes sont de véritables œuvres d'art. Choisissez une image du Boston d'antan en souvenir pour les gourmands. (617-725-1900 ; www.beaconhillchocolates.com ; 91 Charles St ; 10h-18h lun-sam, 11h-17h30 dim ; T Charles/MGH)

Beacon Hill secret

Écartez-vous de Charles St pour découvrir quelques perles de Beacon Hill. **Louisburg Sq** (p. 73), un ensemble de superbes maisons néoclassiques en brique donnant sur un parc privatif, est une adresse prestigieuse. Cette place tire son nom de la victoire des miliciens du Massachussets sur les Français à Louisburg (Canada) en 1745. Non loin, **Acorn St** (Plan p. 66, C2 ; T Charles/MGH) est la rue la plus étroite de Boston. Cette ruelle pavée de gros galets abritait autrefois les artisans et les employés.

Promenade à pied

Espaces verts et shopping

Mondialement connue pour ses excellents musées et sites historiques, Boston compte aussi un réseau de parcs, de cours d'eau et de charmantes rues commerçantes, qui lui valent d'être d'autant plus agréable à parcourir à pied. Oubliez les rues bondées du centre pour découvrir une autre facette de la ville.

La promenade :

Départ Boston Common T Park St

Arrivée Boston Common

Distance et durée 4 km ; 3 heures

❶ Boston Common

Monuments et souvenirs jalonnent le plus **ancien parc public** (p. 60) du pays. Suivez les Bostoniens pressés traversant le parc et sortez par le côté ouest.

❷ Public Garden

Le **Public Garden** (p. 64) est une oasis botanique de 12 ha forte de parterres de fleurs de style victorien, de pelouses et d'un paisible lac à l'ombre des saules pleureurs. Quelle que soit la saison, ne manquez pas la célèbre statue *Make Way for Ducklings*, inspirée du livre pour enfants de Robert McCloskey.

❸ Newbury Street

Quittez le Public Garden par la grille sud-ouest pour faire du lèche-vitrines et observer le va-et-vient dans la très chic **Newbury St**, vers l'ouest.

❹ Copley Square

Les plus beaux monuments de Boston entourent cette place majestueuse de Back Bay. **Trinity Church** (p. 108), une église néoromane, se reflète admirablement sur la façade moderne de la **John Hancock Tower** (p. 109). En face, l'élégante **Boston Public Library** (p. 106), de style néo-Renaissance, renferme bien des trésors.

❺ Commonwealth Avenue

Traversez l'imposante Commonwealth Ave vers le nord, le plus grand boulevard de Back Bay. Bordé de *brownstones* et émaillé de statues du XIXe siècle, le "Mall" offre une plongée éclectique dans l'histoire.

❻ Charles River Esplanade

La rive sud de la Charles River, connue sous le nom d'**Esplanade** (p. 112), se prête à une belle escapade urbaine avec ses buttes herbeuses et ses cours d'eau pensés par Frederick Law Olmsted, architecte de Central Park. Marchez vers le nord-est pour profiter de la brise et de la vue fluviale.

❼ Charles Street

Son histoire fascinante, son architecture typique et le cachet de ses rues font de Beacon Hill l'un des quartiers les plus prestigieux de Boston. **Charles St** est un merveilleux endroit pour faire les boutiques et chiner.

❽ Louisburg Square

Flânez dans les rues résidentielles jalonnées de belles maisons en brique et découvrez l'enclave de **Louisburg Square** (plan p. 66, C2 ; T Charles/MGH), emblématique de la splendeur du quartier. Continuez vers le sud pour regagner Boston Common.

Explorer

Downtown et Seaport District

Ce quartier central concentre une grande partie de l'activité touristique de Boston. Downtown avec ses bâtiments coloniaux et son front de mer, le Seaport District avec son musée d'art contemporain dynamique et ses restaurants au bord de l'eau.

Notre sélection

- ***Rose Kennedy Greenway (p. 81)*** *Un parc tout en longueur où se promener, jouer et admirer des œuvres d'art.*
- ***Observation des baleines (p. 83)*** *Apercevez aussi des dauphins et autres créatures marines.*
- ***Site du massacre de Boston (p. 80)*** *Repérez la plaque qui marque le lieu du premier affrontement sanglant de la Révolution américaine.*
- ***Institute of Contemporary Art (p. 76)*** *Contemplez les curiosités artistiques et la superbe vue sur le port et la ville.*
- ***Boston Tea Party Ships (p. 80)*** *Embarquez dans des répliques de navires historiques et jetez des caisses dans le port.*

Comment y aller et circuler

M Pour Faneuil Hall, descendez à Haymarket, Government Center ou State. On accède facilement au front de mer depuis la station Aquarium.

Le City Water Taxi s'arrête à Long Wharf, sur le front de mer.

Reliées au métro, les lignes argent SL1 et SL2 parcourent le Seaport District depuis South Station.

Plan de Downtown et du Seaport District p. 78

Boston Tea Party Ships & Museum (p. 80)

Les incontournables

Institute of Contemporary Art

Boston doit au remarquable Institute of Contemporary Art (ICA) de pouvoir prétendre au rang de ville d'art contemporain du XXIe siècle grâce. L'édifice, éblouissante structure de verre en porte-à-faux surplombant une place au bord de l'eau, est en soi une œuvre d'art. En plus de ses collections permanentes innovantes, le musée accueille des présentations multimédias, des programmes éducatifs et un atelier.

PLAN P. 78, G4

617-478-3100

www.icaboston.org

25 Harbor Shore Dr

adulte/enfant 20 $ /gratuit, jeu 17h-21h gratuit

10h-17h mar, mer, sam-dim, 10h-21h jeu et ven

SL1, SL2, T South Station

Founders Gallery

L'architecture et le cadre de l'ICA présentent autant d'intérêt que les œuvres qu'il recèle. Inaugurée en 2006, la structure, imaginée par l'agence Diller + Scofidio, intègre habilement l'environnement à son architecture. Dans la Founders Gallery, qui s'étend sur toute la largeur du bâtiment, une immense baie vitrée efface toute barrière entre l'observateur et la mer.

Collection permanente

Outre les expositions temporaires, l'ICA possède une collection permanente consacrée à des artistes nationaux et internationaux. On y découvre le *street artist* Shepard Fairey (créateur de la célèbre affiche de soutien à Barack Obama pour la campagne présidentielle de 2008), l'artiste anglaise Gillian Wearing (photo, art-vidéo, installations), le vidéaste allemand Christian Jankowski, le photographe ukrainien Boris Mikhailov et la sculptrice française Louise Bourgeois. De multiples supports sont utilisés, de la peinture à la vidéo, en passant par des installations et des mélanges de médias.

Médiathèque

La Médiathèque est le centre numérique du musée, les visiteurs peuvent utiliser les ordinateurs pour se renseigner sur les œuvres et les artistes. La salle en escalier possède une baie vitrée à l'avant, mais sa perspective particulière vers le bas ne dévoile que les ondulations de l'eau, sans laisser voir l'horizon.

Foundation Theater

Cette salle est l'un des endroits les plus agréables de l'ICA. Avec ses baies vitrées, son sol et son plafond en bois, la salle sur deux niveaux est une extension de la passerelle extérieure. Son cadre est idéal pour les représentations de théâtre d'avant-garde, de danse, de musique et de performances.

★ À savoir

- Profitez des commentaires audio compris dans le tarif. Empruntez un iPod à l'accueil ou transférez les contenus sur votre propre appareil depuis le site du musée.
- L'ICA propose des visites guidées gratuites thématiques les samedis et dimanches (13h et 14h30) et le jeudi soir (18h et 19h).
- L'entrée est gratuite pour tous le jeudi après 17h.
- L'entrée est gratuite pour les moins de 17 ans.

Une petite faim ?

Au moment de notre visite, le **Café** au rez-de-chaussée de l'ICA, était en remaniement. Un peu plus loin sur le front de mer, le Barking Crab (p. 84) est idéal pour déguster des fruits de mer et des boissons.

A
B
C
D
1
2
3
4
5
6
WEST END
BEACON HILL
DOWNTOWN
FINANCIAL DISTRICT
THEATER DISTRICT
LEATHER DISTRICT
CHINATOWN
FORT POINT
Staniford St
Bowdoin
Cambridge St
Bowdoin St
Derne St
Massachusetts State House
Somerset St
New Sudbury St
Haymarket
Congress St
Boston Public Market
John F. Fitzgerald Expwy
John F. Fitzgerald Surface Rd
Rose Kennedy Greenway
5
Center Plaza
City Hall Plaza
Boston City Hall (hôtel de ville)
NPS Freedom Trail Tour
Faneuil Hall
7
Marché
Boston Harbor Islands Pavilion
Government Center
National Park Service Visitors Center
Court St
State
State St
Aquarium
King's Chapel & Burying Ground
6
Old State House
1
2
Boston Massacre Site
India St
26
Purchase St
Beacon St
Park St
Granary Burying Ground
Tremont St
School St
11
Old South Meeting House
3
17
Water St
Batterymarch St
Broad St
Devonshire St
Milk St
Post Office Square
Park St
Bosworth St
Boston Common
Winter Pl
Winter St
13
16
Temple Pl
19
West St
Downtown Crossing
Washington St
Hawley St
Federal St
Franklin St
High St
Oliver St
Pearl St
Brattle Book Shop
24
Macy's
Arch St
Otis St
Matthews St
Fort Point Channel Parks
22
25
Avery St
Chauncy St
Summer St
High St
Dewey Sq Parks
Congress St
Atlantic Ave
23
Bedford St
Ave de Lafayette
Millennium Place
Essex St
Kingston St
One Financial Place
South Station
Boylston
Chinatown
Tufts St
Beach St
Congress St Bridge
Harrison Ave
Tyler St
Hudson St
Surface Rd
Lincoln St
US South Boston Postal Annex
Summer St Bridge
Tufts Medical Center
Harvard St
Kneeland St
Washington St
Marginal Rd
Dorchester Ave
Fort Point Channel
Oak St W
93
1

E
F
G
H
0 500 m
0 0,25 mile
Nos adresses
Les incontournables p. 76
Voir p. 80
Se restaurer p. 83
Prendre un verre p. 86
Sortir p. 87
Shopping p. 87
1
2
3
4
5
6
Atlantic Ave
Lewis Wharf
Commercial Wharf
WATERFRONT
Long Wharf
Boston Harbor Cruises
9
New England Aquarium
10
New England Aquarium Whale Watch
Port intérieur de Boston
Rowes Wharf
Atlantic Ave
Old Northern Ave Bridge
Harbour Walk (promenade)
Fan Pier Park
Moakley Federal Courthouse
Fan Pier Blvd
Evelyn Moakley Bridge
15
20
Northern Ave
Institute of Contemporary Art
Boston Tea Party Ships & Museum
4
Sleeper St
21
8
Boston Children's Museum
SEAPORT DISTRICT
World Trade Center
Thomson Pl
Stillings St
Boston Wharf Rd
18
Commonwealth Pier
Fish Pier
Seaport Blvd
E Service Rd
B St
Summer St
12
Congress St
Necco Ct
A St
W Service Rd
14
E
F
G
H

Voir

Old State House ÉDIFICE HISTORIQUE

1 PLAN P. 78, C2

Datant de 1713, l'Old State House est le plus ancien édifice public de Boston encore sur pied. L'assemblée du Massachusetts y débattait des sujets du jour avant la révolution. Le bâtiment est surtout connu pour son balcon, d'où la Déclaration d'indépendance fut lue pour la première fois en public en 1776. À l'intérieur, un petit musée sur la révolution comprend des vidéos et des présentations multimédias consacrées au massacre de Boston, qui se déroula juste devant. (617-720-1713 ; www.bostonhistory.org ; 206 Washington St ; adulte/enfant 15/8 $, inclut l'accès à la Old South Meeting House ; 10h-18h juin-août, 10h-17h sept-mai ; T State)

Site du massacre de Boston MONUMENT

2 PLAN P. 78, C2

Devant l'Old State House, un cercle de bronze encadrant des pavés marque l'endroit où, le 5 mars 1770, une foule de colons mécontents lança boules de neige, pierres et insultes aux soldats britanniques qui gardaient la State House. Ces derniers ripostèrent en faisant feu sur la foule, tuant cinq civils, dont Crispus Attucks, un ancien esclave. L'incident suscita un profond sentiment antibritannique. (angle State St et Devonshire St ; T State)

Old South Meeting House ÉDIFICE HISTORIQUE

3 PLAN P. 78, C3

"Pas d'impôt sur le thé !" La décision fut prise le 16 décembre 1773, quand 5 000 colons en colère se rassemblèrent dans cette église pour protester contre les taxes britanniques, déclenchant la Boston Tea Party (p. 67). Téléchargez l'enregistrement recréant la réunion historique qui précéda la Tea Party sur le site Internet du musée. L'église en brique, à l'origine de 1669 et reconstruite en 1729, abrite une exposition sur l'histoire de l'édifice et de la manifestation. (617-482-6439 ; www.osmh.org ; 310 Washington St ; adulte/enfant 15/8 $, inclut l'accès à la Old State House ; 10h-18h juin-août, 10h-17h sept-mai ; ; T Downtown Crossing, State)

Boston Tea Party Ships & Museum MUSÉE

4 PLAN P. 78, E5

En 1773, des colons, en geste de rébellion contre des taxes léonines imposées par le Parlement britannique, jetèrent la cargaison de thé de plusieurs navires anglais à la mer. Cette action marqua le début du soulèvement qui conduisit à la guerre d'Indépendance. De belles répliques des navires de la Tea Party sont amarrées dans les eaux du Griffin's Wharf. A côté, le musée aborde au moyen de reconstitutions (avec acteurs en costumes d'époque), d'installations multimédias tous les aspects de la Boston Tea Party et des événements qui en découlèrent. (866-955-0667 ; www.bostonteapartyship.com ; Congress St Bridge ; adulte/enfant 32/24 $; 10h-16h ; ; South Station)

Rose Kennedy Greenway

PARC

5 PLAN P. 78, D2

Là où se trouvait autrefois une autoroute surélevée serpente aujourd'hui une bande verdoyante de 27 ha. Ce parc aux jardins paysagers, fontaines et installations artistiques accueille le marché d'artistes Greenway Open Market (p. 87) le week-end, des *food trucks* le midi en semaine et, l'été, des fêtes de quartier et le *beer garden* **Trillium Garden** (857-449-0083 ; www.trilliumbrewing.com ; angle Atlantic Ave et High St ; 14h-22h mer-ven, 11h-22h sam, 13h-20h dim mai-oct ; ; South Station, Aquarium). Rafraîchissez-vous dans la **Rings Fountain**, flânez dans le **labyrinthe** (; Haymarket) ou faites un tour sur le **Greenway Carousel** (3 $/tour ; 11h-19h avr-déc ;). (617-292-0020 ; www.rosekennedygreenway.org ; ; Aquarium, Haymarket)

King's Chapel et Burying Ground

ÉGLISE, CIMETIÈRE

6 PLAN P. 78, B2

Construite en 1688, la première église anglicane de Nouvelle-Angleterre, à l'origine en bois, fut remplacée, en 1754, par une chapelle en granit. L'intérieur, de style georgien, renferme la plus grosse cloche réalisée par Paul

Old South Meeting House

BORISVETSHEV/SHUTTERSTOCK ©

Revere, orfèvre de son état, ainsi qu'un orgue historique. Outre les messes qui se tiennent deux fois par semaine, des récitals ont lieu tous les jeudis à 12h15. Le cimetière adjacent est le plus vieux de la ville. La première génération des pionniers anglais y est enterrée. (☎617-523-1749 ; www.kings-chapel.org ; 58 Tremont St ; don recommandé 5 $, circuit adulte/enfant 7/3 $; ⏲église 10h-16h30 lun-sam et 13h30-17h dim, visites ttes les heures 10h-15h ; T Government Center)

Faneuil Hall

ÉDIFICE HISTORIQUE

7 ◎ PLAN P. 78, C2

"Que ceux qui ne supportent pas la liberté d'expression rentrent chez eux. Faneuil Hall n'est pas un lieu pour les âmes serviles", déclara le célèbre abolitionniste américain Wendell Phillips. En effet, cette salle de réunions publiques fut le théâtre de tant d'agitation révolutionnaire qu'elle fut surnommée le "berceau de la liberté". Après la révolution, Faneuil Hall accueillit des réunions consacrées à l'abolition de l'esclavage, au droit de vote des femmes et à la guerre. Des rangers du National Park Service (NPS) expliquent l'histoire de l'édifice dans le hall historique, au 2e étage. (☎617-242-5642 ; www.faneuilhall.com ; Congress St ; entrée libre ; ⏲11h-16h mer-dim ; T State, Haymarket, Government Center)

Boston Children's Museum

MUSÉE

8 ◎ PLAN P. 78, E5

Ne manquez pas ce musée aux installations interactives et éducatives qui occuperont les enfants pendant des heures. L'espace consacré aux bulles,

Columbia Point

Columbia Point s'avance dans le port au sud du centre-ville, à Dorchester. Prenez la ligne rouge jusqu'à JFK/UMass, puis une navette gratuite (départs toutes les 20 minutes).

John F. Kennedy Presidential Library & Museum (☎617-514-1600 ; www.jfklibrary.org ; Columbia Point ; adulte/enfant 18/10 $; ⏲10h-16h lun-mar et jeu-dim ; T JFK/UMass). Dans un remarquable bâtiment de marbre dessiné par I. M. Pei, le mémorial officiel du 35e président est à la hauteur de sa vie et de son héritage.

Edward M. Kennedy Institute for the US Senate (EMK Institute ; ☎617-740-7000 ; www.emkinstitute.org ; Columbia Point ; adulte/enfant 12/10 $, uniquement en groupe et sur réservation ; ⏲9h-17h mar-ven ; T JKF/UMass). Au moyen de technologies de pointe, d'expositions multimédias et de conceptions interactives, l'établissement fait participer les visiteurs et détaille le fonctionnement du processus législatif.

les murs d'escalade, le site de construction interactif et les expériences d'immersion interculturelle sont incontournables. Le hall baigné de lumière abrite une étonnante structure d'escalade en 3 dimensions. (617-426-6500 ; www.bostonchildrensmuseum.org ; 308 Congress St ; 20 $; 9h-12h et 13h30-16h30 mer-dim ; ; T South Station)

New England Aquarium

AQUARIUM

9 PLAN P. 78, E2

Débordant d'animaux marins de toutes tailles, formes et couleurs, cet aquarium géant est le principal centre d'intérêt du front de mer. Immense bassin central de 700 000 litres (3 étages !) reconstituant les eaux chaudes des Caraïbes, le Giant Ocean Tank est l'attraction phare. Il abrite des milliers de créatures marines, dont des tortues, des requins, des barracudas et des anguilles. De nombreuses expositions sont consacrées au mode de vie et à l'habitat d'autres animaux marins ainsi qu'aux pingouins et aux mammifères marins (617-973-5200 ; www.neaq.org ; Central Wharf ; adulte/enfant 34/25 $; 9h-17h lun-ven, jusqu'à 18h sam-dim, 1 heure plus tard juil-août ; P ; T Aquarium)

New England Aquarium Whale Watch

OBSERVATION DES BALEINES

10 PLAN P. 78, E2

Embarquez depuis Long Wharf pour une promenade en mer jusqu'à Stellwagen Bank, où vous pourrez observer les baleines, dauphins et oiseaux marins venant se nourrir. À bord, des capitaines et des naturalistes répondent à toutes vos questions. Ils ont été formés par les spécialistes du New England Aquarium pour s'assurer que les excursions ne perturbent pas les animaux, ni ne leur causent du mal. (617-227-4321 ; www.neaq.org/exhibits/whale-watch ; Central Wharf ; adulte/3-11 ans/0-3 ans 65 $/45 $/gratuit ; horaires variables fin mars à mi-nov ; T Aquarium)

Se restaurer

Clover DTX

VÉGÉTARIEN **$**

11 PLAN P. 78, B3

Sur le Freedom Trail, le premier établissement à Downtown de cette réussite locale socialement engagée sert des délices végétariens, dont des sandwichs pour le petit-déjeuner et du seitan grillé et des beignets de pois chiches le reste de la journée. (www.cloverfoodlab.com ; 27 School St ; plats 9-14 $; 7h-20h lun-sam ; ; T State)

Row 34

FRUITS DE MER **$$$**

12 PLAN P. 78, E6

Au cœur du nouveau Seaport District, ce bar à huîtres, aménagé dans un lieu postindustriel épuré, propose une dizaine de sortes d'huîtres et palourdes, ainsi qu'un fabuleux choix de bières artisanales. Fruits de mer cuits et plats de poisson sont également au menu, des plus traditionnels aux plus originaux. (617-553-5900 ; www.row34.com ; 383 Congress St ; huîtres 3-5 $, plats 14-39 $; 17h-22h lun-mer, 11h30-23h jeu-sam, 11h30-21h dim ; T South Station)

jm Curley CUISINE DE BISTROT $$

13 PLAN P. 78, A4

Ce bar sombre, idéal pour déguster un cocktail Dark & Stormy se présente comme un *gastropub*, avec des plats de bistrot originaux comme le Curley's Cracker Jack (pop-corn au caramel et bacon), le Cast Iron Mac & Cheese (macaronis au fromage servi dans une poêle en fonte) et les cornichons frits ! (617-338-5333 ; www.jmcurleyboston.com ; 21 Temple Pl ; plats 12-26 $; 16h-1h30 lun, 16h-2h mar-ven, 12h-1h30 sam, 12h-minuit dim ; ; T Downtown Crossing)

Boston Public Market

Depuis longtemps le rendez-vous des locavores, ce **marché de producteurs** (BPM ; plan p. 78, C1 ; 617-973-4909 ; www.bostonpublicmarket.org ; 136 Blackstone St ; 8h-21h lun-jeu, 8h-22h ven-sam, 10h-21h dim ; ; T Haymarket) propose tous les jours des produits frais de Nouvelle-Angleterre, notamment fruits et légumes de saison, fruits de mer, viande et volaille de fermes locales, fromages et autres produits laitiers artisanaux, sirop d'érable et autres douceurs. Ne manquez pas les bières locales de Hopsters' Alley. Réservez votre place pour la visite guidée d'une heure (10h et 11h jeu et ven).

Legal Harborside FRUITS DE MER $$

14 PLAN P. 78, H6

Cet énorme complexe en verre du front de mer propose trois concepts de restauration sur trois niveaux. Notre préféré, au rez-de-chaussée, est un marché au poisson-restaurant décontracté rappelant la boutique Legal de 1904. La carte comprend huîtres, palourdes et autres crustacés, crus ou cuits, de petites assiettes, des grillades de poissons et de fruits de mer et de nombreuses influences internationales. (617-477-2900 ; www.legalseafoods.com ; 270 Northern Ave ; plats 18-38 $; 11h30-22h dim-jeu, 11h30-23h ven-sam ; SL1, SL2, T South Station)

Barking Crab FRUITS DE MER $$

15 PLAN P. 78, E4

Gros seaux de crabes (de Dungeness, des neiges, royal, etc.), palourdes ruisselant de citron et de beurre, assiettes en carton débordant de délices frits, pichets de bière bien fraîche... Dévorez votre festin à l'une des tables communes donnant sur l'eau (attendez-vous à devoir patienter pour avoir une place par beau temps). Service lent et niveau sonore élevé, mais ambiance joviale. (617-426-2722 ; www.barkingcrab.com ; 88 Sleeper St ; sandwichs 19-21 $, plats 18-36 $; 12-22h dim-mer, 12h-23h jeu-sam ; SL1, SL2, T South Station)

Yvonne's

AMÉRICAIN MODERNE **$$$**

16 PLAN P. 78, B3

À votre arrivée, le personnel vous ouvrira discrètement les portes de ce *modern supper club* caché, qui associe luxe à l'ancienne et éclectisme contemporain, tout comme les plats, principalement de petites assiettes, entre autres carpaccio de thon, huîtres au four et poulet avec boulettes de quinoa. (617-267-0047 ; www.yvonnesboston.com ; 2 Winter Pl ; 17h-23h, bar jusqu'à 2h ; ; T Park)

Marliave

FRANÇAIS **$$$**

17 PLAN P. 78, B3

Ce lieu datant de 1885 a conservé toutes ses particularités architecturales, dont son sol en mosaïque et son plafond de tôle. La carte variée comprend cocktails originaux, bar cru, délicieux plats d'œufs, pâtes maison et dîners du dimanche à l'ancienne. (617-422-0004 ; www.marliave.com ; 10 Bosworth St ; plats 18-38 $; 11h-22h ; ; T Park St)

Barking Crab

Prendre un verre

Drink
BAR À COCKTAILS

18 PLAN P. 78, E5

Ici, pas de carte de cocktails. Les clients discutent avec le barman, qui concocte alors une boisson conforme à leurs envies. On y prend l'art du cocktail très au sérieux. L'emplacement en sous-sol confère à l'endroit une ambiance tamisée et glamour, idéale pour un tête-à-tête. (617-695-1806 ; www.drinkfortpoint.com ; 348 Congress St ; 17h-1h mer-sam, 17h-23h dim ; SL1, SL2, T South Station)

Democracy Brewing
BRASSERIE

19 PLAN P. 78, A4

Non content de brasser une bière exceptionnelle et de préparer des frites croustillantes à souhait, Democracy Brewing fomente une révolution en soutenant des entreprises démocratiques et en organisant des événements socioculturels. (857-263-8604 ; www.democracybrewing.com ; 35 Temple Pl ; 12h-21h mar-mer, 12h-22h jeu-sam, 12h-20h dim ; T Downtown Crossing)

Brattle Book Shop

Trésor de livres épuisés, d'ouvrages rares et de premières éditions, le **Brattle Book Shop** (plan p. 78, A4 ; 617-542-0210 ; www.brattlebookshop.com ; 9 West St ; 9h-17h30 lun-sam ; T Park St, Downtown Crossing) approvisionne les littéraires de Boston depuis 1825. Ken Gloss – ce joyau est dans sa famille depuis 1949 – est un expert en livres anciens. Ne manquez pas les bonnes affaires à l'extérieur.

Lookout Rooftop Bar
BAR

20 PLAN P. 78, E4

Dès l'ouverture, les clients de l'hôtel et les travailleurs locaux gagnent le toit-terrasse de ce bar branché pour prendre un remontant et profiter de la vue spectaculaire. Quand la température chute, les radiateurs et les igloos protègent du froid. Consultez le code vestimentaire. (617-338-3030 ; www.theenvoyhotel.com ; Envoy Hotel, 70 Sleeper St ; 16h-23h mar-mer, 16h-minuit jeu-ven, 14h-minuit sam ; SL1, SL2, T South Station)

Trillium Fort Point
MICROBRASSERIE

21 PLAN P. 78, F5

Trillium brasse de la bière dans le quartier de Fort Point depuis des années, mais ce n'est qu'en 2018 qu'il a ouvert ce fantastique lieu de dégustation, avec bar, restaurant et toit-terrasse. On peut y goûter toute la gamme de la marque : *India pale ales*, *American pale ales*, *gose ales*, *wild ales* et stouts. (857-449-0083 ; www.trilliumbrewing.com ;

50 Thompson Pl ; 12h-22h lun-jeu, 12h-23h ven-sam, 12h-20h dim ; T South Station)

Thinking Cup

CAFÉ

22 PLAN P. 78, A4

Ce qui fait la particularité du Thinking Cup, c'est son chocolat chaud et son Stumptown Coffee, le café torréfié de Portland apprécié de tous les amateurs de café du pays. (617-482-5555 ; www.thinkingcup.com ; 165 Tremont St ; 7h-19h ; T Boylston)

Good Life

CLUB

23 PLAN P. 78, B4

Le Good Life a plusieurs facettes : on s'y rend pour un copieux déjeuner ou pour se détendre après le travail. Mais le mieux c'est d'y aller pour se déhancher. Trois bars, deux pistes et d'excellents DJ aux platines, du jeudi au samedi. (617-451-2622 ; www.goodlifebar.com ; 28 Kingston St ; 15h-22h mer-jeu,15h-2h ven, 21h-2h sam ; T Downtown Crossing)

Sortir

Opera House

SPECTACLES

24 PLAN P. 78, A4

Après des travaux de restauration, ce somptueux théâtre a retrouvé sa splendeur de 1928, avec des fresques au plafond, des moulures dorées et de beaux rideaux de velours. Il accueille régulièrement des productions de Broadway Across America, ainsi que le **Boston Ballet**. (www.bostonballet.org). (800-982-2787 ; www.bostonoperahouse.com ; 539 Washington St ; T Downtown Crossing)

Emerson Paramount Center

THÉÂTRE

25 PLAN P. 78, A4

À l'origine salle de cinéma de 1 700 places appartenant à Paramount Pictures, ce chef-d'œuvre Art déco restauré par Emerson College a rouvert ses portes en 2010 avec, en plus de sa scène principale toujours superbe, une scène de théâtre expérimental, ainsi qu'un cinéma. (617-824-8400 ; www.emersontheatres.org ; 559 Washington St ; T Chinatown, Downtown Crossing)

Shopping

Greenway Open Market

ARTISANAT

26 PLAN P. 78, D2

Le marché d'artisans du samedi rassemble en plein air des dizaines d'exposants de souvenirs, bijoux, sacs, peintures, céramiques uniques et faits main, ainsi que des objets artistiques et artisanaux – dont la plupart sont de production locale et éthique. Des *food trucks* permettent de se restaurer. (800-401-6557 ; www.newenglandopenmarkets.com ; Rose Kennedy Greenway ; 11h-17h sam, plus 1er et 3e dim du mois mai-oct ; ; T Aquarium)

Vaut le détour

Les îles de la baie de Boston

La baie de Boston est parsemée de 34 îles, dont beaucoup se prêtent aux balades, à l'observation des oiseaux, à la pêche, à la baignade et au camping. À 45 minutes seulement du centre-ville, elles regroupent divers écosystèmes – plages de sable, falaises, marais salants et d'eau douce, sentiers forestiers. Ces îles forment l'un des plus remarquable atouts naturels de Boston.

Comment y aller

Les ferries (adulte/enfant 25/18 $) de Boston Harbor Cruises naviguent de Long Wharf à Georges Island ou Spectacle Island, d'où d'autres bateaux vous conduisent aux îles plus petites.

Boston Harbor Islands Pavilion

Idéalement situé, sur le Rose Kennedy Greenway, ce **centre d'information** (plan p. 78, D2 ; ☎617-223-8666 ; www.bostonharborislands.org ; angle State St & Atlantic Ave ; ⏱9h-17h ; Wi-Fi ; T Aquarium) vous fournira tous les renseignements nécessaires pour visiter les îles de la baie.

Georges Island

Depuis Georges Island, il est possible de rallier les autres îles. Elle abrite également **Fort Warren**, un fort du XIXe siècle qui servit de prison pendant la guerre de Sécession. On peut le visiter le fort, avec des rangers du National Park Service (NPS), ainsi qu'un petit musée, mais l'île, en grande partie abandonnée, recèle nombre de souterrains obscurs, recoins lugubres et magnifiques points de vue à découvrir.

Spectacle Island

Ayant elle aussi rang de point d'où rallier les autres îles, **Spectacle Island** (photo) possède une grande marina, un centre d'accueil des visiteurs alimenté à l'énergie solaire, un bon snack-bar et des plages surveillées. Ses huit kilomètres de sentiers conduisent notamment à une colline, haute de 50 m, donnant sur la baie.

Lovells Island

Avec ses installations pour camper et pique-niquer, Lovells est l'une des destinations les plus populaires de la baie. Les deux épaves n'augurent rien de bon pour les marins, mais cela n'empêche pas les plaisanciers, les baigneurs et les amoureux du soleil de lézarder sur les longues plages de sable gris de Lovells.

★ À savoir

- Limitez-vous à 2 îles dans la journée sous peine de passer votre temps à naviguer ou à attendre le bateau.
- Consultez le site Internet des îles (www.bostonharborislands.org) pour connaître les événements, concerts, activités extérieures ou familiales, organisés sur Georges Island et Spectacle Island.

Une petite faim ?

Sur les îles Georges Island et Spectacle Island, on trouve de bonnes grillades chez Salty's (plats 8-13 $; ⏱variables). Mais il n'y a ni nourriture ni eau sur les autres îles. Emportez de quoi pique-niquer !

Boston Harbor Cruises
Boston Harbor Islands Pavilion
Aéroport international de Logan
Port intérieur de Boston
Port de Boston
Deer Island Park
Green Island
Little Calf Island
Outer Brewster Island
Calf Island
Middle Brewster Island
SOUTH BOSTON
CASTLE ISLAND
Southeast Expwy
Gallups Island
Lovells Island
Great Brewster Island
Shag Rocks Island
Old Harbor
Spectacle Island
Long Island
Boston Harbor Islands
Little Brewster Island
Georges Island
Salty's
COLUMBIA POINT
Thompson Island
Moon Island Rd
Dorchester Bay
Rainsford Island
HULL
Massachusetts Bay
Peddocks Island
Boston Harbor Islands State Park
Spinnaker Island
DORCHESTER
Nantasket Ave
Quincy Bay
Sheep Island
Bumpkin Island
Hancock St
Hingham Bay
Grape Island
Slate Island
Weir River
Langlee Island
World's End
Raccoon Island
Ragged Island
Sarah Island
Hingham Harbor
QUINCY
Button Island
Lincoln St
HINGHAM
Bridge St
WEYMOUTH
0 5 km
0 2,5 miles

Bumpkin Island

Avec leurs galets et coquillages, les plages de Bumpkin ne sont pas idéales pour la baignade. Mais un réseau de sentiers traversant les champs de fleurs sauvages conduit aux vestiges d'une ferme en pierre et d'un ancien hôpital. C'est l'une des quatre îles équipées d'un camping.

Grape Island

On trouve, sur Grape Island, abondance de fruits. Une tonnelle recouverte de vigne fait face à l'embarcadère, tandis que les framboises et les baies de myrica et de sureau qui poussent sur les chemins forestiers broussailleux attirent maints oiseaux. Il est possible de camper sur place.

Peddocks Island

L'une des plus grandes îles, Peddocks, est formée de quatre promontoires reliés par des bancs de sable. Des sentiers de randonnée conduisent à des marais et des étangs. Des campings et des yourtes permettent de passer la nuit sur l'île.

Little Brewster Island

Little Brewster (617-223-8666 ; www.bostonharborislands.org/bostonlight; adulte/enfant $38/28 ; 9h30-15h ven-dim juin, 9h15-16h mer-dim juil-août, 9h30-16 jeu dim sept ; depuis Long Wharf) abrite le **Boston Light**, deuxième plus vieux phare du pays, construit en 1783. Pour explorer l'île, vous devrez obligatoirement réserver un circuit.

Thompson Island

Thompson Island (617-328-3900 ; www.thompsonisland.org ; adulte/enfant 20/10 $; 9h-15h30 sam-dim ; depuis EDIC Pier) appartient à Outward Bound, une organisation à but non lucratif qui propose des parcours d'aventures et de *team-building* pour les écoliers de la région. Les 80 ha de l'île, idéals pour les balades, la pêche et l'observation des oiseaux, n'ouvrent au public que les samedis et dimanches.

天下為公
肥牛大鍋城

Explorer

South End et Chinatown

Les quartiers adjacents de Chinatown, Theater District et Leather District abondent en salles de spectacles, restaurants chinois et vestiges de l'industrie du cuir convertis en lofts et clubs. Dans le quartier de South End, artistes et communauté LGBTQ ont transformé les entrepôts victoriens en restaurants et galeries.

Notre sélection

- ***Underground at Ink Block** (p. 98) Découvrez le fantastique street art de la nouvelle aire de jeu postindustrielle de Boston.*
- ***Gourmet Dumpling House** (p. 99) Régalez-vous de brioches au porc et de dim sum à Chinatown.*
- ***SoWa Open Market** (p. 103) Le dimanche, offrez-vous des créations locales, puis un brunch.*
- ***Wally's Café** (p. 101) Écoutez du bon vieux jazz et du blues dans ce café prisé.*
- ***SoWa Artists Guild** (p. 98) Le premier vendredi du mois, admirez des œuvres d'art et discutez avec des artistes dans ces galeries et ateliers.*

Comment y aller et circuler

M Pour le South End, prenez la ligne orange jusqu'à Back Bay ou Tufts Medical Center. Chinatown est desservi par la station éponyme. Boylston, sur la ligne verte, est pratique pour le Theater District.

Pour parcourir le South End, la ligne argent (Silver Line) descend le long de Washington St depuis South Station (SL4) ou Downtown Crossing (SL5).

Plan du South End et de Chinatown p. 96

Chinatown Gate (p. 98) F11PHOTO/SHUTTERSTOCK ©

Promenade artistique dans le South End

Le South End est le principal quartier des arts de Boston. La communauté artistique a investi ce coin autrefois désert au sud de Washington St (aujourd'hui surnommé SoWa), transformant de vieux entrepôts en ateliers et galeries. La promenade s'apprécie mieux les dimanches en été (de mai à octobre) ou en soirée, le premier vendredi du mois (toute l'année).

La promenade :

Départ Underground at Ink Block ; T Tufts Medical Center

Arrivée Boston Center for the Arts ; T Back Bay

Distance et durée 1,6 km ; 30 à 60 minutes

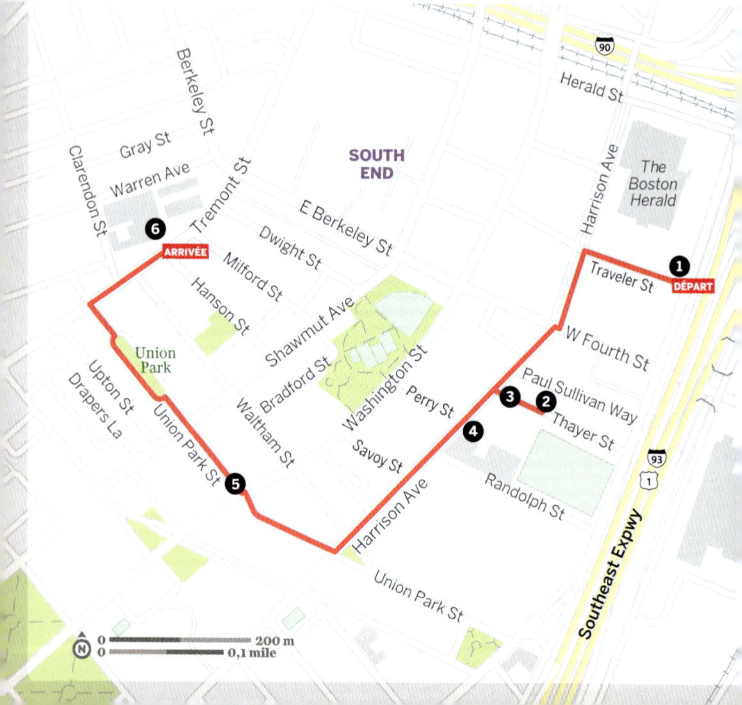

❶ Underground at Ink Block

Nouvel espace artistique avant-gardiste de SoWa, **Underground at Ink Block** (p. 98) présente l'art urbain le plus audacieux et le plus coloré de la ville.

❷ SoWa Artists Guild

Voici l'épicentre de la scène artistique du South End, où les artistes ont converti d'anciens entrepôts de Harrison Ave en ateliers et galeries. La **SoWa Artists Guild** (p. 98) ouvre ses portes lors des Open Studios, le 1er vendredi du mois. En été, des *food trucks*, un *beer garden* et des marchés d'art, de vêtements vintage et de produits frais s'installent dans les rues du quartier.

❸ Galeries de Thayer Street

Maintes galeries s'alignent dans la rue piétonne entre les anciens entrepôts aux 450 et 460 Harrison. La **Bromfield Art Gallery** (☎617-451-3605 ; www.bromfieldgallery.com ; 450 Harrison Ave ; entrée libre, 🕒12h-17h mer-dim ; 🚌SL4, SL5, Ⓣ Tufts Medical Center), gérée de longue date par des artistes, expose des talents de Nouvelle-Angleterre.

❹ Boston Sculptors Gallery

Gérée par une trentaine d'artistes locaux, cette **galerie** originale (☎617-482-7781; www.bostonsculptors.com ; 486 Harrison Ave ; entrée libre, 🕒12h-18h mer-dim, plus 17h-20h30 1er ven du mois ; 🚌SL4, SL5 ; Ⓣ Tufts Medical Center) coopérative, ouverte depuis plus de 25 ans, est dédiée à l'art en trois dimensions sur tous les supports.

❺ Union Park Street

Poursuivez dans Union Park St pour admirer les charmantes maisons de ville victoriennes, réunies autour d'un parc bordé d'arbres et orné de fontaines : l'architecture du South End par excellence.

❻ Boston Center for the Arts

Terminez la balade au **Boston Center for the Arts** (☎617-426-5000 ; www.bostonarts.org ; 539 Tremont St ; entrée libre ; Ⓣ Back Bay), qui comprend plusieurs salles de spectacle et la **Mills Gallery** (www.bostonarts.org ; 551 Tremont St ; 🕒9h-17h lun-ven ; Ⓣ Back Bay), où ont lieu des expositions avant-gardistes ainsi que des discussions avec des artistes et des conservateurs. Les expositions mettent à l'honneur des artistes établis et émergents de Boston et d'ailleurs aux États-Unis.

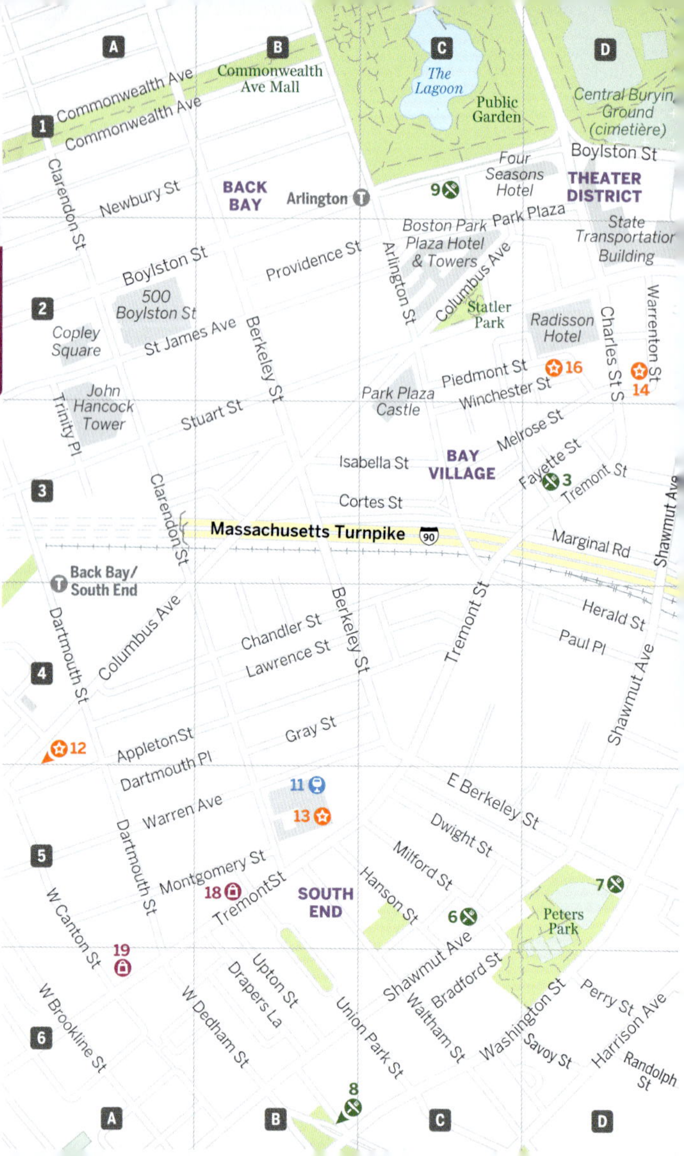
A
B
C
D
1
2
3
4
5
6
Commonwealth Ave
Commonwealth Ave
Commonwealth Ave Mall
The Lagoon
Public Garden
Central Burying Ground (cimetière)
Boylston St
Clarendon St
Newbury St
BACK BAY
Arlington
9
Four Seasons Hotel
THEATER DISTRICT
Boston Park Plaza Hotel & Towers
Park Plaza
State Transportation Building
Boylston St
Providence St
Arlington St
Columbus Ave
500 Boylston St
Statler Park
Radisson Hotel
Charles St S
Warrenton St
Copley Square
St James Ave
Berkeley St
16
14
Piedmont St
Winchester St
John Hancock Tower
Trinity Pl
Stuart St
Park Plaza Castle
Melrose St
Isabella St
BAY VILLAGE
Fayette St
3
Tremont St
Clarendon St
Cortes St
Massachusetts Turnpike
90
Marginal Rd
Shawmut Ave
Back Bay/ South End
Columbus Ave
Dartmouth St
Chandler St
Lawrence St
Berkeley St
Tremont St
Herald St
Paul Pl
Shawmut Ave
12
Appleton St
Dartmouth Pl
Gray St
11
13
Warren Ave
E Berkeley St
Dwight St
Milford St
Montgomery St
18
Tremont St
SOUTH END
Hanson St
6
7
Peters Park
Dartmouth St
W Canton St
19
Shawmut Ave
Bradford St
Upton St
Drapers La
W Dedham St
Union Park St
Waltham St
Washington St
Perry St
Harrison Ave
Savoy St
Randolph St
W Brookline St
8

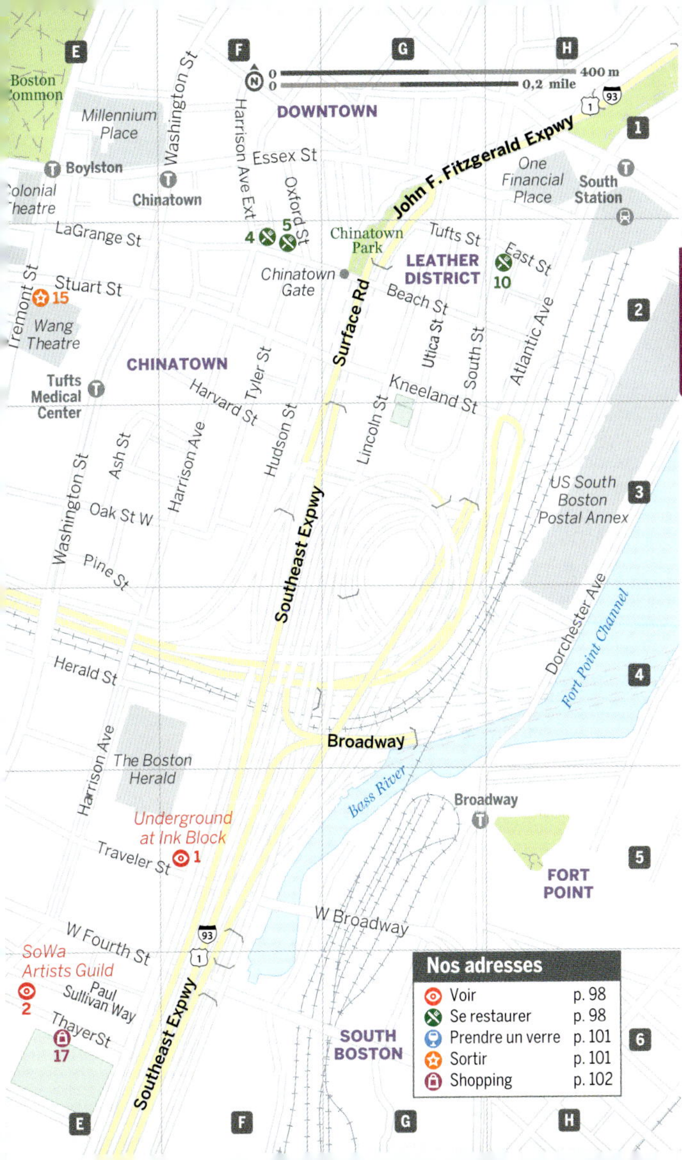
E
F
G
H
1
2
3
4
5
6
0 400 m
0 0,2 mile
N
Boston Common
Millennium Place
Washington St
Harrison Ave Ext
DOWNTOWN
John F. Fitzgerald Expwy
93
1
Essex St
Oxford St
Boylston
Chinatown
Colonial Theatre
One Financial Place
South Station
LaGrange St
4
5
Chinatown Park
Tufts St
East St
LEATHER DISTRICT
10
Tremont St
Stuart St
15
Chinatown Gate
Surface Rd
Beach St
Wang Theatre
Utica St
South St
Atlantic Ave
CHINATOWN
Tyler St
Kneeland St
Tufts Medical Center
Harvard St
Hudson St
Lincoln St
Washington St
Ash St
Harrison Ave
Oak St W
Southeast Expwy
US South Boston Postal Annex
Pine St
Dorchester Ave
Fort Point Channel
Herald St
Broadway
Harrison Ave
The Boston Herald
Bass River
Broadway
Underground at Ink Block
Traveler St
1
FORT POINT
W Broadway
W Fourth St
93
1
SoWa Artists Guild
2
Paul Sullivan Way
Thayer St
17
Southeast Expwy
SOUTH BOSTON
Nos adresses
Voir p. 98
Se restaurer p. 98
Prendre un verre p. 101
Sortir p. 101
Shopping p. 102

Chinatown Gate

Cette **porte décorative** (plan p. 96, G2 ; Beach St ; T Chinatown), un présent de la ville de Taipei, marque l'entrée officielle et symbolique de Chinatown, non seulement pour les visiteurs mais aussi pour les immigrants qui y élisent toujours domicile.

Entourant la porte, le **Chinatown Park** prolonge le Rose Kennedy Greenway vers le sud. La place est souvent peuplée d'habitants locaux qui s'adonnent au Xiangqi (échecs chinois) ou au Falun Gong (pratique spirituelle chinoise).

Voir

Underground at Ink Block ART PUBLIC

1 PLAN P. 96, F5

Ce qui était un parking abandonné sous l'autoroute est désormais une aire de jeu et un espace artistique de 3 ha. Les 14 000 m^2 de murs de béton transformés en galerie extérieure d'art urbain coloré, fruit de la collaboration d'une douzaine d'artistes locaux et nationaux, en sont l'attrait principal, illuminant l'ensemble du site. Ce dernier comprend également un parc pour chiens et des chemins de promenade. Des cours de sport y sont aussi donnés. (www.undergroundinkblock.com ; 90 Traveler St ; 24h/24 ; T Tufts Medical Center)

SoWa Artists Guild GALERIE

2 PLAN P. 96, E6

À l'origine occupés par des usines, de conserves et de pianos entre autres, les bâtiments de briques et de poutres qui bordent Harrison Ave abritent aujourd'hui la SoWa Artists Guild, épicentre du quartier d'art du South End, réunissant environ 70 ateliers d'artistes et plus d'une douzaine de galeries. Elle ouvre ses portes lors des Open Studios le 1er vendredi de chaque mois et nombre d'artistes accueillent aussi les visiteurs le dimanche (p. 102). (857-362-7692 ; www.sowaartistsguild.com ; 450 Harrison Ave ; entrée libre ; 17h-21h 1er ven du mois ; SL4, SL5, YTufts Medical Center)

Se restaurer

Mike & Patty's SANDWICHS $

3 PLAN P. 96, D3

Au cœur de Bay Village, cette sandwicherie de coin de rue fait des merveilles avec deux tranches de pain et quelques ingrédients. Elle propose seulement 8 sortes de sandwichs, tous préparés à la perfection. Notre cœur bat pour le Fancy (œufs sur le plat, cheddar, bacon et avocat dans du pain grillé aux céréales). Il y a la queue en permanence, mais la file d'attente avance vite. Pas de places assises. (617-423-3447 ; www.mikeandpattys.com ; 12 Church St ;

sandwichs 9-12 $; 7h30-14h ; ; T Tufts Medical Center, Arlington)

Avana Sushi

SUSHIS $

4 PLAN P. 96, F2

Dans la rue, rien ou presque ne signale ce restaurant de seulement quelques places, qui partage un espace de restauration exigu avec quelques autres adresses de plats à emporter. Les sushis sont frais et abordables et le service avenant. (617-818-7782 ; www.avanasushi.com ; 42 Beach St ; sushis et sashimi 5-19 $; 11h-21h ; T Chinatown)

Gourmet Dumpling House

CHINOIS $

5 PLAN P. 96, F2

Xiao long bao. Voilà ce qu'il suffit de savoir dire en chinois pour savourer la spécialité du Gourmet Dumpling House (GDH pour les intimes) : des raviolis cuits à la vapeur, frais, moelleux et délicieux. La carte comprend maints autres plats, notamment de savoureuses et croustillantes crêpes à la ciboule. Un conseil : venez tôt pour éviter trop d'attente. Or, même si vous arrivez tard, votre patience sera récompensée ! (617-338-6223 ; www.gourmetdumplinghouse.com ; 52 Beach St ; raviolis 5-8 $, plats 9-17 $; 11h-1h ; ; T Chinatown)

Coppa Enoteca

ITALIEN $$

6 PLAN P. 96, C5

Avec ses *salumi* (charcuterie), ses antipasti, ses pâtes et autres délicieuses petites assiettes italiennes, cette *enoteca* (bar

Union Park (p. 95)

à vins) du South End recrée une ambiance italienne avec authenticité et innovation. Accompagnez votre repas d'un Aperol spritz et vous vous croirez presque à Venise. (617-391-0902 ; www.coppaboston.com ; 253 Shawmut Ave ; petites assiettes 9-17 $, pizzas et pâtes 17-28 $; 12h-22h lun-jeu, jusqu'à 23h ven, 11h-22h sam-dim ; SL4, SL5, T Back Bay)

Myers + Chang

ASIATIQUE **$$**

7 PLAN P. 96, D5

Cet établissement asiatique ultrabranché mêle cuisines taïwanaise et d'Asie du Sud-Est avec de délicieux raviolis, des poêlées épicées et des nouilles à profusion. Le personnel en cuisine fait des merveilles dans un wok, et la carte de petites assiettes permet de goûter un large éventail de plats. Le week-end, sont organisés des brunchs dim sum (11h30-14h30 ven-dim). (617-542-5200 ; www.myersandchang.com ; 1145 Washington St ; petites assiettes 9-18 $; plats 16-25 $; 16h-21h dim-mer, 16h-22h jeu-sam ; ; SL4, SL5, T Tufts Medical Center)

Toro

TAPAS **$$**

8 PLAN P. 96, B6

Fidèle à son esprit espagnol, Toro déborde d'énergie, de la cuisine ouverte au bar animé en passant par les hautes tables communes. Au menu, des tapas simples mais sublimes – foie gras poêlé à la pistache et aux cerises acidulées, épis de maïs ruisselants d'aïoli, citron vert et fromage, gambas délicieusement aillées... À accompagner d'un verre de rioja, d'une sangria ou d'un des cocktails originaux. (617-536-4300 ; www.toro-restaurant.com ; 1704 Washington St ; tapas 9-38 $; 17h-22h dim-jeu, 17h-23h ven-sam ; ; SL4, SL5, T Massachusetts Ave)

Bistro du Midi

FRANÇAIS **$$**

9 PLAN P. 96, C1

Le restaurant de l'étage (réservation requise pour le dîner) est exquis, mais le bistro du rez-de-chaussée (sans réservation) respire la chaleur et la camaraderie, invitant le visiteur à s'attarder autour d'un verre de vin et d'un en-cas. Dans l'un comme l'autre, la cuisine provençale est délicieuse et savamment présentée. (617-426-7878 ; www.bistrodumidi.com ; 272 Boylston St ; plats bistro 17-34 $, restaurant 26-59 $; bistro 11h30-22h, restaurant 17h-22h ; T Arlington)

O Ya

SUSHIS **$$$**

10 PLAN P. 96, H2

Ici, les *nigiris* et sashimis sont par exemple agrémentés d'une sauce aux truffes de Bourgogne ou d'un jus de kimchi au gingembre. L'huître de Kumamoto est frite et surmontée d'un agrume japonais et d'une mousse d'encre de seiche, tandis que le foie gras est arrosé de *kabayaki* (glaçage à la sauce soja sucrée) balsamiquechocolat. (617-654-9900 ; www.o-ya.restaurant ; 9 East St ; nigiri et sashimi 16-32 $ pour 2 ou 3 pièces ; 17h-20h30 mar-sam ; ; South Station)

Prendre un verre

Beehive

BAR À COCKTAILS

11 PLAN P. 96, B5

Cet établissement aux airs de club de jazz parisien des années 1920 occupe le sous-sol du Boston Center for the Arts. On s'y rend plus pour le cadre que pour la musique – souvent réalisée par les étudiants du Berklee College of Music –, mais la cuisine est bonne et l'ambiance très branchée. Mieux vaut réserver pour avoir une table. (617-423-0069 ; www.beehiveboston.com ; 541 Tremont St ; 17h-23h lun-mer, 17h-minuit jeu, 17h-1h30 ven, 10h-1h30 sam, 10h-23h dim ; Back Bay)

Sortir

Wally's Café

JAZZ

12 PLAN P.96, A4

Lorsqu'il ouvrit le Wally's en 1947, Joseph Walcott, originaire de la Barbade, devint le premier propriétaire afro-américain d'un club en Nouvelle-Angleterre. Ce petit établissement de jazz à l'ancienne attire toujours une foule bigarrée qui vient écouter de la musique 365 jours par an. Les étudiants de Berklee adorent l'endroit, et en particulier ses jam-sessions (18h-21h). (617-424-1408 ; www.wallyscafe.com ; 427 Massachusetts Ave ; 17h-2h ; Massachusetts Ave)

Boston Center for the Arts

THÉÂTRE

13 PLAN P. 96, B5

Au BCA, plus de 20 compagnies présentent chaque année plus de 45 excellentes petites productions différentes, notamment des spectacles d'humour, des pièces de théâtre, de la danse moderne et des comédies musicales. Le complexe comprend plusieurs bâtiments, dont un cyclorama (1884), où sont présentées des peintures panoramiques, une ancienne fabrique d'orgues et la Mills Gallery (p. 95). (617-426-5000 ; www.bostonarts.org ; 539 Tremont St ; Back Bay)

Charles Playhouse

THÉÂTRE

14 PLAN P. 96, D2

Ce bâtiment de 1839 hébergea d'abord un bar clandestin, puis un club de jazz et enfin un théâtre. Sa situation excentrée et son ambiance underground ont toujours attiré les spectacles atypiques, notamment les productions indéfinissables du toujours populaire **Blue Man Group** (www.blueman.com) et les improvisations humoristiques du bien établi **Shear Madness** (www.shearmadness.com). (617-426-6912 ; www.charlesplayhouse.com ; 74 Warrenton St ; Boylston)

Wilbur Theatre

HUMOUR

15 PLAN P. 96, E2

Ce théâtre de style colonial, de 1914, a accueilli au fil des années nombre de grosses productions théâtrales. Aujourd'hui, c'est le meilleur café-théâtre de Boston, où se produisent de célèbres humoristes américains. Sont aussi organisés des concerts et d'autres genres de spectacles difficiles à classer. Le lieu mériterait une rénovation, mais le talent est là. (617-248-9700 ; www.thewilbur.com ; 246 Tremont St ; billets 25-75 $; T Boylston)

Jacques Cabaret

CABARET

16 PLAN P. 96, D2

Pour découvrir la culture gay du South End, florissante avant son embourgeoisement, gagnez dans une ruelle sombre ce cabaret qui propose tous les soirs d'excellents spectacles de drag-queens à petit prix. Réservation indispensable le week-end. (617-426-8902 ; www.jacques-cabaret.com ; 79 Broadway ; entrée 10-15 $; 11h-minuit, heures des spectacles variables ; T Arlington)

Shopping

International Poster Gallery

ART

17 PLAN P. 96, E6

Cette galerie spécialisée conserve des milliers d'affiches anciennes du monde entier. Les thèmes vont des aliments au voyage en passant par la propagande politique. On peut découvrir la collection sur place, mais il est plus facile de

SoWa Farmers Market

STEPHAN SCHLACHTER/SHUTTERSTOCK ©

Le week-end, tous dans le South End !

Les samedis et dimanches d'été (857-362-7692 ; www.sowaboston.com ; 460 Harrison Ave; 10h-16h dim mai-oct ; SL4, SL5, T Tufts Medical Center) sont animés dans le South End. Trois marchés occupent les parkings du quartier : le **SoWa Open Market** pour l'art et l'artisanat, le **SoWa Farmers Market** pour les produits frais et le **SoWa Vintage Market** (toute l'année) pour la brocante (meubles, objets, vêtements...). Juste à côté, au 530-540 Harrison Ave, vous rejoindrez le fabuleux **Food Tuck Bazaar**, une alléchante concentration de food trucks et un beer garden estival.

consulter les archives en ligne, également riches de toutes sortes d'informations et de conseils utiles pour les collectionneurs potentiels. (617-375-0076 ; www.internationalposter.com ; 460c Harrison Ave ; 10h-18h lun-sam, 12h-18h dim ; SL4, SL5, T Tufts Medical Center)

Sault New England

MODE, ACCESSOIRES

18 PLAN P.96, B5

Cette petite boutique de mode masculine mêle à merveille les styles *prepster* et hipster, le rustique et le chic. Le choix d'articles regroupe des vêtements neufs et vintage, de beaux livres et des terrariums faits maison. La Nouvelle-Angleterre est à l'honneur, avec des références aux Kennedy, aux *Dents de la mer*, et à la marque L.L. Bean. (857-239-9434; www.saultne.com ; 577 Tremont St ; 10h-18h lun-jeu, 10h-19h ven-sam, 10h-17h dim ; T Back Bay)

Olives & Grace

SOUVENIRS

19 PLAN P. 96, A6

Ce petit magasin recèle un choix éclectique de souvenirs, dont un grand nombre de Nouvelle-Angleterre, tous confectionnés par des artisans. Mention spéciale pour les produits alimentaires : barres chocolatées, sauces piquantes, miel brut, caramels à l'eau salée et ingrédients pour cocktails. (617-236-4536 ; www.olivesandgrace.com ; 623 Tremont St ; 10h-20h mar-sam, 10h-18h dim-lun ; T Back Bay)

Explorer
Back Bay

Newbury Street regroupe les boutiques et les cafés les plus tendance de Boston, tandis que les plus beaux édifices de la ville encadrent Copley Square. Avec ses rues bordées de brownstones et ombragées de magnolias, c'est un quartier de prestige. Rejoignez la Charles River Esplanade pour respirer l'air frais au bord de l'eau.

Notre sélection

- ***Copley Square (p. 112)*** *Admirez l'architecture la plus caractéristique de Boston sur cette place centrale.*
- ***Charles River Esplanade (p. 112)*** *Marchez, pédalez ou courez le long du fleuve.*
- ***Saltie Girl (p. 115)*** *Goûtez une cuisine locale inventive en diable dans ce fantastique "bar à fruits de mer".*
- ***Mapparium (p. 112)*** *Ce curieux mais fascinant morceau d'histoire vous place au centre du monde.*
- ***Courtyard (p. 115)*** *Offrez-vous un* afternoon tea *entre les superbes murs de la Boston Public Library.*

Comment y aller et circuler

M Le tronçon principal de la ligne verte parcourt Boylston St, desservant Arlington (près de Public Garden), Copley (Copley Square) et Hynes (Mass Ave). La ligne orange est pratique pour sa station Back Bay/South End, dans la partie sud du quartier.

Plan de Back Bay p. 110

Copley Square (p. 112) JON BILOUS/SHUTTERSTOCK ©

Les incontournables

Boston Public Library

Véritable "Panthéon des Lettres", fondée en 1848, la prestigieuse BPL fut la première bibliothèque municipale d'envergure des États-Unis. L'édifice, le McKim Building, se distingue par sa façade remarquable inspirée de la bibliothèque Sainte-Geneviève, à Paris, et ses belles œuvres intérieures. Une annexe moderne (le bâtiment Johnson), conçue par Philip Johnson, a été ajoutée à l'édifice d'origine en 1972.

PLAN P. 110, E4

617-536-5400

www.bpl.org

700 Boylston St

Entrée libre

9h-20h lun-jeu, 9h-17h ven-sam, 11h-17h dim

T Copley

Puvis de Chavannes Gallery

Le grand escalier en marbre est encadré par des fresques murales de Pierre Puvis de Chavannes – auteur des immenses décors muraux du Panthéon, de l'amphithéâtre de la Sorbonne et de l'hôtel de ville de Paris –, allégories de la poésie, la philosophie, l'histoire et la science. À l'étage, une autre composition du peintre évoquant la mythologie grecque, les *Muses inspiratrices acclament le Génie, messager de lumière*, annonce la salle de lecture (Bates Hall).

Bates Hall

L'escalier mène à cette splendide salle de lecture (photo ci-contre) dont la voûte en berceau et à caisson haute de 15 m élève jusqu'aux esprits les plus terre à terre. Joshua Bates, premier bienfaiteur de la bibliothèque, avait dans l'idée que le bâtiment devait embellir la ville et comporter une salle pouvant accueillir 100 à 150 personnes à des tables de lecture, et ce gratuitement.

Abbey Room

Cette salle somptueuse est habillée de lambris de chêne, de marbre au sol, d'une cheminée ornementale et d'un plafond à caissons inspiré du palais des Doges de Venise. Elle doit son nom à l'auteur des fresques murales – quinze panneaux illustrant la quête du Graal par Galaad –, réalisées par Edwin Abbey et installées en 1895.

Sargent Gallery

Le clou de la bibliothèque se trouve au 3e étage avec les fresques murales inachevées de John Singer Sargent, *The Triumph of Religion*. Elles retracent l'histoire des religions occidentales, du paganisme au judaïsme en passant par le christianisme. Une dernière peinture devait occuper l'espace vacant au-dessus de l'escalier, mais elle ne fut jamais achevée, en partie en raison des vives critiques de la communauté juive.

★ À savoir

- Des visites guidées gratuites axées sur l'art et l'architecture partent du hall d'entrée (programmation sur le site de la BPL).
- Les collections spéciales recèlent d'innombrables trésors, dont la bibliothèque personnelle du deuxième président américain, John Adams. Découvrez les événements gratuits (rencontres avec des auteurs, concerts).
- Ne partez pas sans avoir contemplé la paisible cour à l'italienne.

Une petite faim ?

Commandez un café et un en-cas sur place au **Map Room Cafe** (www.thecateredaffair.com/bpl ; en-cas, salades et sandwichs 7-19 $; 11h-17h mer-dim ;).

L'après-midi, optez pour une délicieuse pause autour d'une tasse de thé, au très chic Courtyard (p. 115).

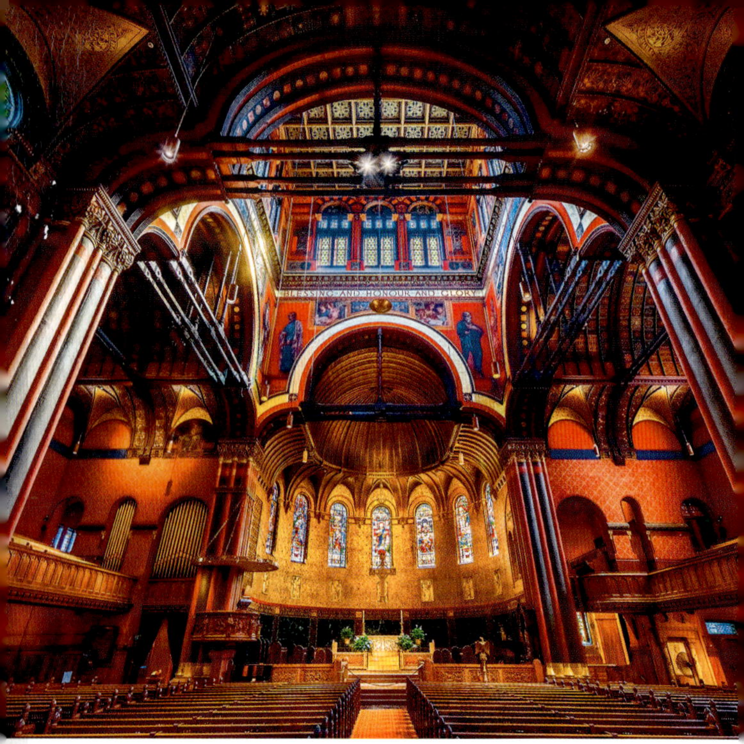

Les incontournables

Trinity Church

Plus bel exemple d'architecture de style roman richardsonien du pays, cette église épiscopale, construite en 1872-1877, est admirée pour sa compostion harmonieuse de formes, de couleurs et de matières, fruit de l'étroite collaboration entre Henry Hobson Richardson et le vitrailliste John LaFarge. La façade en granit joue sur les nuances du grès, et une série de peintures murales et de vitraux illumine l'intérieur.

PLAN P. 110, F4

www.trinitychurchboston.org

206 Clarendon St

adulte/enfant 10 $/gratuit

10h-16h30 mar-sam, 12h15-16h30 dim Pâques-oct, horaires réduits le reste de l'année

Architecture

L'église possède un plan en croix grecque avec le chœur, la nef et les transepts entourant l'espace central. Le porche ouest est inspiré du cloître Saint-Trophime à Arles. L'intérieur ouvert s'éloigne radicalement de l'architecture épiscopale traditionnelle et incarne l'élan démocratique de l'Église vers 1870.

Fresques de LaFarge

Les murs de la grande tour centrale sont recouverts aux deux tiers de fresques hautes de plus de 30 m. Avant cette commande, LaFarge n'avait jamais réalisé de peintures murales à cette échelle. Le résultat, des centaines de mètres carrés de superbe peinture à l'encaustique aux couleurs chatoyantes, en fit le père de cet art aux États-Unis.

Vitraux

Les 33 vitraux, réalisés par différents verriers, affichent des styles divers. On doit à d'illustres ateliers anglais ceux d'origine conçus entre 1877 et 1878 sur le modèle européen traditionnel. D'autres vitraux plus tardifs reflètent le mouvement anglais Arts & Crafts, tandis que l'artiste parisien Achille Oudinot signa les fenêtres ornementales à la française (à deux battants).

Les vitraux de LaFarge constituent le bijou de l'église. L'utilisation de verre opalescent superposé permet une richesse inédite de formes et de dimensions. La première commande de LaFarge, le *Christ en majesté*, trois panneaux spectaculaires dans le transept ouest, est aujourd'hui considérée comme l'un des plus beaux exemples du genre aux États-Unis.

★ À savoir

- Des visites guidées gratuites de l'édifice sont organisées après la messe du dimanche, à 12h30. D'autres ont lieu tous les jours en semaine, à des horaires variables.
- Des concerts d'orgue (très imposant) se tiennent gratuitement le vendredi à 12h15.
- Au 200 Clarendon St, on peut voir l'église se refléter sur la façade de la **John Hancock Tower** voisine (édifiée en 1975 par I. M. Pei). À vos appareils photo !

✕ Une petite faim ?

La boulangerie Flour (p. 113) est encensée pour son café généreux, ses scones bien frais et ses pâtisseries, sans oublier des soupes et sandwichs délicieux.

Pour un repas plus copieux, vous pourrez déguster *crab cakes*, *chowder* et raviolis au homard chez Atlantic Fish Co (p. 115)

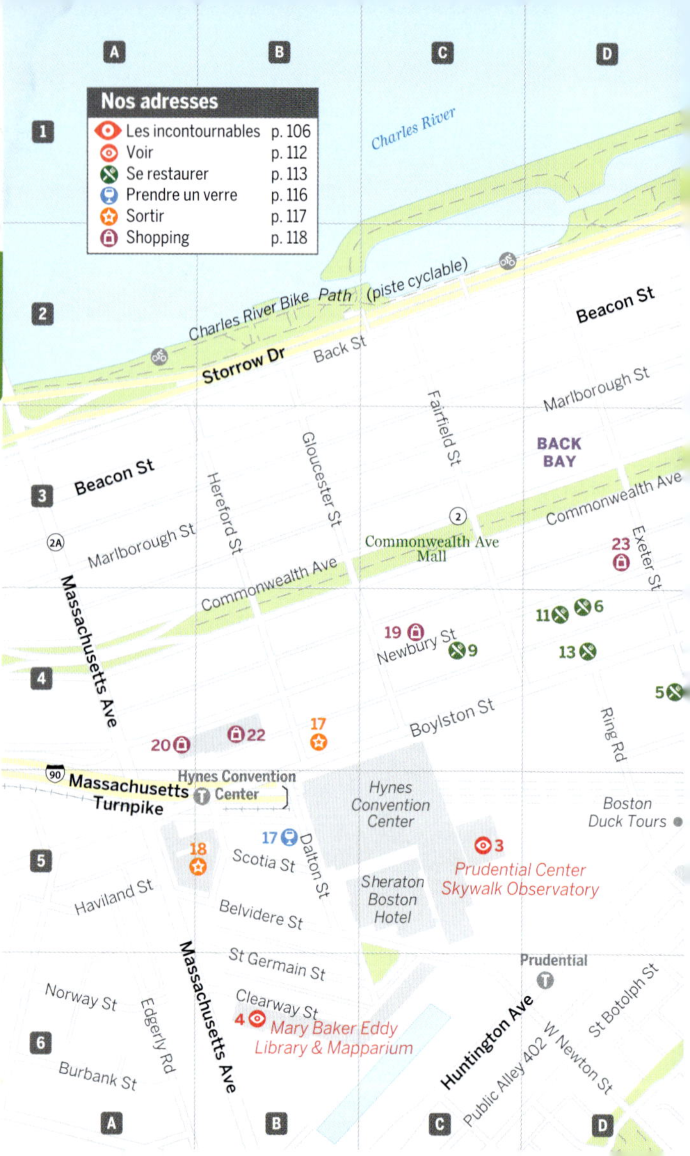
A
B
C
D
Nos adresses
Les incontournables p. 106
Voir p. 112
Se restaurer p. 113
Prendre un verre p. 116
Sortir p. 117
Shopping p. 118
1
2
3
4
5
6
Charles River
Charles River Bike Path (piste cyclable)
Storrow Dr
Back St
Beacon St
Marlborough St
BACK BAY
Fairfield St
Gloucester St
Hereford St
Commonwealth Ave
Commonwealth Ave Mall
Exeter St
Massachusetts Ave
Newbury St
Boylston St
Ring Rd
Massachusetts Turnpike
Hynes Convention Center
Boston Duck Tours
Prudential Center Skywalk Observatory
Sheraton Boston Hotel
Scotia St
Dalton St
Haviland St
Belvidere St
St Germain St
Clearway St
Mary Baker Eddy Library & Mapparium
Prudential
Huntington Ave
Public Alley 402
W Newton St
St Botolph St
Norway St
Edgerly Rd
Burbank St
2A
90
2
3
4
5
6
9
11
13
17
18
19
20
22
23

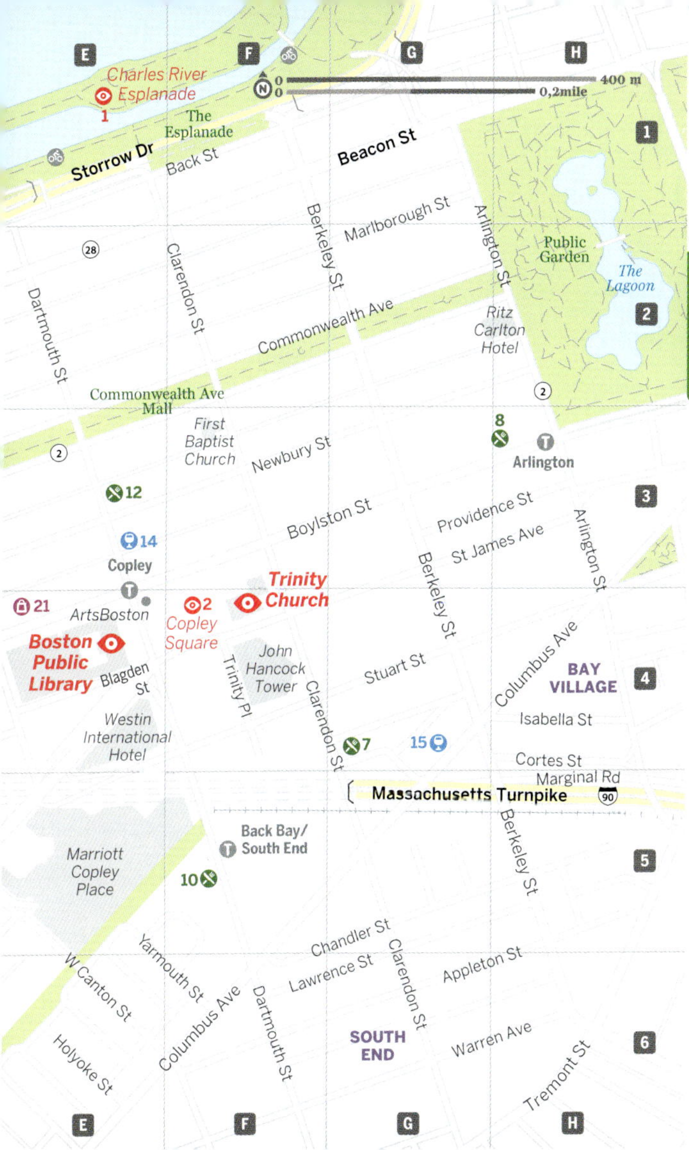

E
F
G
H
Charles River
Esplanade
1
The Esplanade
0
400 m
0
0,2mile
Storrow Dr
Back St
Beacon St
Marlborough St
Berkeley St
Arlington St
Public Garden
The Lagoon
1
2
28
Dartmouth St
Clarendon St
Commonwealth Ave
Ritz Carlton Hotel
2
Commonwealth Ave Mall
First Baptist Church
Newbury St
8
Arlington
2
12
Boylston St
Providence St
St James Ave
Arlington St
3
14
Copley
Trinity Church
21
ArtsBoston
2
Copley Square
Berkeley St
Boston Public Library
Blagden St
John Hancock Tower
Trinity Pl
Clarendon St
Stuart St
Columbus Ave
BAY VILLAGE
4
Isabella St
Westin International Hotel
7
15
Cortes St
Marginal Rd
Massachusetts Turnpike
90
Back Bay/ South End
Berkeley St
5
Marriott Copley Place
10
Chandler St
Yarmouth St
W Canton St
Lawrence St
Clarendon St
Appleton St
Columbus Ave
Dartmouth St
SOUTH END
Warren Ave
6
Holyoke St
Tremont St
E
F
G
H

Voir

Charles River Esplanade PARC

1 PLAN P. 110, E1

Ce parc urbain au bord de l'eau, conçu dans les années 1930 par l'architecte-paysagiste Frederick Law Olmsted, s'étend sur près de 5 km le long de la rive sud du Charles River Basin, entre le Museum of Science et le Boston University Bridge. Il est émaillé d'œuvres d'art public, dont un immense buste d'Arthur Fiedler, longtemps chef d'orchestre du Boston Pops. Les berges se prêtent au vélo, au jogging et aux promenades. L'été, des spectacles gratuits sont souvent donnés au Hatch Memorial Shell. (www.esplanadeassociation.org ; ; T Charles/MGH, Kenmore)

Copley Square PLACE

2 PLAN P. 110, F4

La place, du nom du peintre John Singleton Copley, est entourée de beaux bâtiments historiques, dont la Trinity Church (p. 108). De l'autre côté de la rue, la classique Boston Public Library (p. 106) fut la première grande bibliothèque municipale des États-Unis. (T Copley)

Prudential Center Skywalk Observatory POINT DE VUE

3 PLAN P.110, C5

Dans les faits appelé The Shops at Prudential Center, ce bâtiment emblématique de la ville n'est guère plus qu'un centre commercial haut de gamme. Il offre néanmoins une vue à 360° sur Boston et Cambridge du haut de la passerelle du 50e étage entièrement vitrée. La visite audio, intéressante, inclut une version pour les enfants. Vous profiterez de la même vue depuis le bar Top of the Hub (p. 117), pour le prix d'une boisson. (www.skywalkboston.com ; 800 Boylston St ; adulte/enfant 21/15 $; 10h-22h mars-oct, 10h-20h nov-fév ; P ; T Prudential)

Mary Baker Eddy Library & Mapparium BIBLIOTHÈQUE

4 PLAN P.110, B6

Cette bibliothèque recèle l'un des trésors cachés de Boston, l'étonnant Mapparium, un globe en vitrail de la taille d'une pièce (9 m de diamètre) que l'on peut traverser sur une passerelle en verre. Créé en 1935, il reflète les frontières géopolitiques de l'époque. L'acoustique surprit même son concepteur : telle une galerie des murmures, quiconque est dans la pièce peut entendre le moindre chuchotement. La forme sphérique du globe rend l'effet encore plus surprenant. (617-450-7000 ; www.marybakereddylibrary.org ; 200 Massachusetts Ave ; adulte/enfant 6/4 $; 10h-17h lun-sam, 11h-17h dim ; ; T Symphony)

Se restaurer

Luke's Lobster FRUITS DE MER $

5 PLAN P. 110, D4

Luke Holden a installé en plein cœur de Back Bay (et ailleurs à

Boston) un authentique restaurant de fruits de mer du Maine, avec intérieur de bois altéré et déco nautique, pour que les Bostoniens puissent déjeuner d'un classique *lobster roll* (pain à hot dog garni de homard) à prix abordable, entre deux séances de shopping. Il ne manque que la brise marine. (857-350-4626 ; www.lukeslobster.com ; 75 Exeter St ; plats 12-35 $; 11h-20h ; T Copley)

Dirty Water Dough Co — PIZZA $

6 PLAN P. 110, D4

Les enfants font la queue au Dirty Water Dough (nom inspiré du grand succès des Standells qu'affectionnent les Bostoniens) pour avoir leur grosse part de pizza et un soda pour 5 $. Autres attraits : les ingrédients locaux, les combinaisons de garnitures inhabituelles et les versions sans gluten, sans oublier la Dirty Water IPA. (617-262-0090 ; www.dirtywaterdough.com ; 222 Newbury St ; parts 3-4 $, pizzas 11-15 $; 11h-22h dim-mer, 11h-22h30 jeu, 11h-23h ven-sam ; T Copley)

Flour — BOULANGERIE $

7 PLAN P. 110, G4

Les enseignes de la boulangerie de Joanne Chang se multiplient à Boston. Cette boutique à la limite de Back Bay sert les pâtisseries aérées et le café corsé qui ont fait la renommée de la chaîne, ainsi que des sandwichs, des soupes, des salades et des parts de pizza. Nos amis à quatre pattes ne sont pas en reste, puisque des biscuits pour chien sont en vente. (617-

Charles River Esplanade

La balise météo

Bleu fixe, vue dégagée ;
Bleu clignotant, nuages annoncés ;
Rouge fixe, pluie arrivant ;
Rouge clignotant, neige droit devant.

Depuis 1950, les Bostoniens se fient à ce poème simple et à la balise météo surmontant l'Old Hancock building (qui jouxte la New John Hancock Tower) pour savoir s'ils doivent prendre leur parapluie en sortant de chez eux. Il arrive que la balise clignote rouge en plein été. Elle n'annonce pas qu'il va faire un temps exécrable en Nouvelle-Angleterre, mais qu'un match des Red Sox a été annulé pour le soir même.

437-7700 ; www.flourbakery.com ; 131 Clarendon St ; pâtisseries à partir de 3,50 $, sandwich 9,50 $; 7h-19h lun-ven, 8h-18h sam-dim ; ; T Back Bay)

Parish Café

SANDWICHS $

8 PLAN P. 110, H3

Venez découvrir les créations des chefs bostoniens les plus en vogue sans affoler votre budget. La carte, renouvelée régulièrement, offre un choix de salades et de sandwichs, conçus chacun par une célébrité de la gastronomie locale telle que Jamie Bissonnette, Barbara Lynch ou Tony Maws. Le lieu tient plus du pub que du café, avec son long comptoir dont le mur du fond est recouvert de miroirs et ses grands écrans de télévision. (617-247-4777 ; www.parishcafe.com ; 361 Boylston St ; sandwichs 17-24 $; 11h30-minuit dim-jeu, 11h30-2h ven-sam ; ; T Arlington)

Puro Ceviche Bar

LATINO-AMÉRICAIN $$

9 PLAN P. 110, C4

Ce bar en sous-sol, branché, aux briques apparentes couvertes de peintures murales, propose une cuisine latino-américaine à la fois moderne et authentique. Choisissez entre six sortes de ceviches, six sortes de tacos et diverses petites assiettes d'inspiration latine. Aussi, cocktails classiques et belle carte des vins. (617-266-0707 ; www.purocevichebar.com ; 264 Newbury St ; petites assiettes 12-18 $; 16h-22h lun-mer, 16h-23h ven-sam, 11h-22h dim ; T Hynes)

Salty Pig

ITALIEN $$

10 PLAN P. 110, F5

Entre *prosciutto* (jambon), pâté, rillettes, *testa* (fromage de tête), *sanguinaccio* (boudin), *porchetta* (épaule de porc), ici, rien du cochon ne se perd. Les plateaux de charcuterie marient ces "Salty Pig Parts" à des fromages forts et à d'autres accompagnements. Il y a aussi des pizzas et des pâtes pour les moins aventureux. Sont également proposés cocktails et bières artisanales. (☎ 617-536-6200 ; www.thesaltypig.com ; 130 Dartmouth St ; charcuterie 7 $, plats 12-19 $; 11h30-minuit ; T Back Bay)

Piattini

ITALIEN $$

11 PLAN P. 110, D4

Cette *enoteca* (bar à vins) intime et son patio forment un merveilleux cadre pour goûter aux saveurs de l'Italie. Les plus indécis apprécieront de pouvoir commander plusieurs petites assiettes (*piattini* en italien). Il y a aussi un choix attrayant de pâtes, ainsi qu'une longue liste de vins au verre. (☎ 617-536-2020 ; www.piattini.com ; 226 Newbury St ; petites assiettes 12-22 $, pâtes 22-32 $; 12h-21h dim-jeu, 12h-21h30 ven-sam ; ; T Copley)

Saltie Girl

FRUITS DE MER $$$

12 PLAN P. 110, E3

Dans une salle délicieusement intime de ce bar à fruits de mer, délectez-vous de spécialités comme le traditionnel *lobster roll* de Gloucester, de poisson en conserve sur du pain grillé ou encore de l'irrésistible ventre de saumon cuit au chalumeau.

Les places étant limitées et les réservations, non acceptées, soyez prêt à attendre (cela en vaut la peine). (☎ 617-267-0691 ; www.saltiegirl.com ; 281 Dartmouth St ; petites assiettes 14-32 $, plats 24-56 $; 11h-22h lun-jeu, 11h-23h ven-sam, 11h-21h dim ; T Copley)

Courtyard

AMÉRICAIN $$$

Croyez-le ou pas, la destination idéale pour un très chic *afternoon tea* dans la plus pure tradition anglaise est la Boston Public Library (voir plan p. 111, E4). Au menu de ce restaurant sophistiqué donnant sur une jolie cour à l'italienne, un choix bien pensé de sandwichs, scones et petits-fours accompagnée d'un grand choix de thés (noir, vert, infusions). Réservation indispensable, notamment le samedi. (☎ 617-859-2251 ; www.thecateredaffair.com/bpl ; 700 Boylston St ; formule thé adulte/enfant 39/19 $; 11h-16h mer-dim, dernier service 15h ; T Copley)

Atlantic Fish Co

FRUITS DE MER $$

13 PLAN P. 110, D4

Le b.a.-ba d'un déjeuner parfait à l'Atlantic Fish Co : la *clam chowder* (soupe de palourdes) de Nouvelle-Angleterre servie dans un bol en pain. Pour les plus sceptiques, nous ajouterons le *fra diavolo*, les raviolis au homard et les *Jonah crabcakes* (croquettes à la chair de crabe) du Maine. Cette liste n'est bien sûr pas exhaustive et la carte, changée quotidiennement, reflète la fraîcheur des produits. À déguster dans la salle à la décoration marine ou sur la terrasse fleurie côté rue. (☎ 617-267-4 000 ; www.atlanticfish.com ; 761 Boylston St ; plats déj 18-32 $, dîner 25-49 $; 11h30-23h ; T Copley)

Le marathon de Boston

Ce marathon (42,195 km), l'un des plus prestigieux du pays, se déroule le troisième lundi d'avril, lors du Patriots' Day (jour férié au Massachusetts), et se termine sur Copley Square.

Le départ de la course est donné dans la ville rurale de Hopkinton (Massachusetts). Le tracé traverse ensuite la banlieue ouest jusqu'à Boston. L'un des passages les plus spectaculaires a lieu entre le 20e et le 21e mile, à la bien nommée Heartbreak Hill ("colline de la douleur") au dénivelé raide de 27 m. De là, tout est en descente. Les athlètes empruntent Beacon St, traversent Kenmore Sq puis descendent Commonwealth Ave et Boylston St avant de franchir triomphalement la ligne d'arrivée à Copley Sq. Le dernier kilomètre est l'endroit le plus grisant pour assister au spectacle.

En 2013, l'attention des États-Unis et du monde s'est braquée sur Boston avec l'explosion de deux bombes près de la ligne d'arrivée de la 117e édition du marathon, faisant trois morts et des centaines de blessés. Quelques jours plus tard, le meurtre par balle d'un policier du Massachusetts Institute of Technology (MIT) entraîna le bouclage de toute la ville, en première ligne dans la guerre contre le terrorisme.

Prendre un verre

Lolita Cocina & Tequila Bar

BAR À COCKTAILS

14 PLAN P. 110, E3

Ce petit bar mexicain est plein de surprises. On y sert pas moins de 10 margaritas différentes, dont le sensationnel Diablo, et la carte Affiche des plats mexicains aussi originaux qu'alléchants. (www.lolitamexican.com ; 271 Dartmouth St ; 11h30-1h lun-jeu, 11h30-2h ven, 11h-2h sam, 11h-1h dim ; T Copley)

Club Café

GAY

15 PLAN P. 110, G4

À la fois discothèque, café et cabaret, ce lieu extravagant est une institution de la scène gay. Des spectacles sont présentés dans la Napoleon Room, six soirs par semaine, tandis que la salle principale, où se trouvent le bar et la piste de danse, accueille des thés dansants, des soirées salsa, des drag quizz, des séances de karaoké, des parties de bingo et de bonnes soirées dansantes à l'ancienne. (617-536-0966 ; www.clubcafe.com ; 209 Columbus Ave ; 16h-minuit lun-mer, 16h-2h jeu-ven, 11h-2h sam, 11h-minuit dim ; T Back Bay)

Bukowski Tavern

BAR

16 PLAN P. 110, B5

Un petit bar sympatique niché au pied d'un parking, à côté

de l'autoroute Massachusetts Turnpike. Au programme : tables en bois poisseuses, rock à plein volume, clients en sweat-shirt, une douzaine de burgers et de hot-dogs différents et plus d'une centaine de variétés de bières. Paiement en espèces. (☎617-437-9999; www.bukowski-tavern.com ; 50 Dalton St ; ⏲16h-1h lun-jeu, 12h-1h ven-dim ; T Hynes)

Top of the Hub BAR

Le bar est touristique, les prix sont élevés et la cuisine très quelconque, mais la vue renversante sur la ville vaut la peine de prendre l'ascenseur jusqu'au 52e étage de la tour du Prudential Center (voir 3 plan p. 110, C5). Venez pour le coucher de soleil spectaculaire et restez pour les concerts de jazz gratuits. À savoir : consommation 24 $/pers minimum après 20h. (☎617-536-1775 ; www.topofthehub.net ; 800 Boylston St ; ⏲11h30-1h ; 📶 ; T Prudential)

Sortir

Red Room@Cafe 939 CONCERTS

17 ✪ PLAN P. 110, B4

Tenu par des étudiants de Berklee, le Red Room@Cafe 939 est devenu l'une des meilleures et des plus surprenantes salles de concerts de Boston, grâce à son excellente sono, son piano à queue, et surtout des artistes intéressants et variés plus ou moins connus. Achetez vos places à l'avance au Berklee Performance Center (☎617-747-

Marathon de Boston

2261 ; www.berklee.edu/cafe939 ; 939 Boylston St ; entrée libre – 20 $; vente places 10h-18h lun-sam ; T Hynes)

Berklee Performance Center

BLUES, JAZZ

18 PLAN P. 110, B5

Concerts de jazz punchy, chanteurs à la voix éraillée, musiciens électro loufoques... la salle de concerts de cette école de musique réputée affiche une programmation éclectique. (617-747-2261 ; www.berklee.edu/bpc ; 136 Massachusetts Ave ; billets 5-65 $; T Hynes)

Shopping

Topdrawer

SOUVENIRS

19 PLAN P. 110, C4

Les voyageurs trouveront ici tout ce dont ils auront besoin, depuis des chaussons pliables (parfaits pour l'avion) jusqu'à des sacs fabuleusement fonctionnels. L'esthétique est moderne et épurée, mais on trouve aussi un beau choix de stylos et de carnets de voyage à l'ancienne pour consigner ses impressions. (857-305-3934 ; www.kolo.com ; 273 Newbury St ; 11h-19h ; T Hynes)

Billets à prix réduits

Obtenez des billets de concert ou de théâtre à prix réduits pour le jour même auprès de **ArtsBoston** (plan p. 110, E4 ; www.artsboston.org ; 650 Boylston St ; 11h-17h jeu-ven, 10h-16h sam-dim ; T Copley), sur Copley Square ou au Quincy Market.

Trident Booksellers & Café

LIVRES

20 PLAN P. 110, A4

Prenez une pile de livres et retirez-vous dans un coin tranquille du café pour choisir ceux que vous voulez acheter. On trouve un peu de tout et les propriétaires, des hippies revenus à la terre avant de devenir bouddhistes, puis entrepreneurs, savent faire plaisir à leurs clients. (617-267-8688 ; www.tridentbookscafe.com ; 338 Newbury St ; 8h-22h ; ; T Hynes)

Marathon Sports

SPORTS

21 PLAN P. 110, E4

Spécialisée dans l'équipement de running, cette boutique ne pouvait rêver de meilleur emplacement, au niveau de la ligne d'arrivée du marathon de Boston. L'adresse est réputée pour son sens du service, le personnel s'employant à trouver chaussure à votre pied. Elle s'investit par ailleurs activement dans le monde de la course, avec un club de running chaque semaine et divers autres événements organisés. (617-267-4774 ; www.marathonsports.com ; 671 Boylston St ; 10h-19h lun-ven, 10h-18h sam, 11h-18h dim ; T Copley)

Newbury Comics

MUSIQUE

22 PLAN P. 110, B4

Comment fait un disquaire pour rester à la page à l'ère du numérique ? La réponse tient en un mot : le vinyle. En plus des nombreux CD et DVD à bas prix, on trouve ici un bon choix de nouveautés en vinyle, ainsi que des BD, des tee-shirts, des figurines et d'autres babioles. De quoi passer un bon moment. (617-236-4930 ; www.newburycomics.com ; 332 Newbury St ; 11h-20h lun-sam, 11h-19h dim ; T Hynes)

Hempest

CONCEPT STORE

23 PLAN P. 110, D3

Le Hempest ne vend pas de cannabis (*hemp* signifie chanvre), même si quelques pipes et bangs sont proposés, mais des produits pour la plupart fabriqués à partir de chanvre, notamment d'élégants vêtements, des savons et lotions bio, ainsi que d'amusants articles pour la maison. (617-421-9944 ; www.hempest.com ; 207 Newbury St ; 11h-19h lun-sam, 12h-18h dim ; T Copley)

Explorer

Kenmore Square et Fenway

Si les rues autour de Fenway Park ont la faveur des clubbeurs et des fans de base-ball, Huntington Avenue, surnommée "Avenue of the Arts", à l'autre bout du quartier, attire les amateurs d'art et de culture dans ses institutions artistiques, notamment le Museum of Fine Arts et le Symphony Hall.

Notre sélection

- ***Museum of Fine Arts (p. 122)*** *Admirez l'art des Amériques et d'autres trésors.*
- ***Fenway Park (p. 126)*** *Encouragez les Red Sox dans le plus vieux stade de base-ball des États-Unis.*
- ***Isabella Stewart Gardner Museum (p. 124)*** *Appréciez l'héritage artistique, esthétique et culturel de Gardner.*
- ***Boston Symphony Orchestra (p. 131)*** *Écoutez cet orchestre de renommée mondiale au Symphony Hall.*
- ***Lansdowne St (p. 130)*** *Passez une soirée au Cheeky Monkey ou à la House of Blues.*

Comment y aller et circuler

M Pour Kenmore Sq ou Fenway Park, prenez la ligne verte (sauf la branche E) jusqu'à la station Kenmore. Gagnez les sites de Huntington Ave depuis la station Museum of Fine Arts de la ligne verte E ou la station Ruggles de la ligne orange.

Plan de Kenmore Square et de Fenway p. 128

Symphony Hall, salle de concert du Boston Symphony Orchestra (p. 131) JOSEPH SOHM/SHUTTERSTOCK ©

Les incontournables

Museum of Fine Arts

Principale vitrine en ville de l'art régional, national et international depuis 1876, le musée des Beaux-Arts de Boston (MFA) couvre toutes les époques, de l'Antiquité à nos jours et toutes les régions du globe, ce qui confère au lieu une réelle valeur encyclopédique. Les nouvelles ailes consacrées à l'art des Amériques et à l'art contemporain sont magnifiques et contribuent à faire de Boston l'un des pôles artistiques du XXIe siècle.

PLAN P. 128, C4
617-267-9300
www.mfa.org
465 Huntington Ave
adulte/enfant 27/10 $
10h-17h sam-lun et mer, 10h-22h jeu-ven
T Museum of Fine Arts ou Ruggles

Art des Amériques

Le joyau du musée est une salle au 2e étage dédiée au portraitiste John Singer Sargent (auteur des fresques de la Boston Public Library) Parmi les incontournables des impressionnistes américains figurent des œuvres de Mary Cassatt et le tableau préféré des Bostoniens, *At Dusk* de Childe Hassam. Le dernier étage est consacré au modernisme, avec des artistes latino-américains.

Art européen

La Renaissance italienne est bien représentée, tout comme l'âge d'or hollandais, avec cinq peintures de Rembrandt. Les impressionnistes et postimpressionnistes tiennent cependant la vedette, notamment Degas, Gauguin, Renoir, Van Gogh et Monet (l'une des plus importantes collections de l'artiste en dehors de Paris).

Art d'Asie, d'Océanie et d'Afrique

Fleuron de la section, le temple bouddhique du 2e niveau réunit diverses formes d'art japonais, estampes et ferronneries entre autres. Une vaste collection de peintures, calligraphies et céramiques chinoises est aussi présentée.

Art du monde antique

La partie égyptienne est la plus intéressante, en particulier les deux salles aux momies. Les milliers d'objets exposés sont issus de fouilles réalisées par le musée et l'université de Harvard durant la première moitié du XXe siècle dans les tombes et les temples près des pyramides de Gizeh.

Linde Family Wing for Contemporary Art

La Linde Family Wing for Contemporary Art offre un vaste espace d'exposition pour l'art contemporain. L'œuvre favorite du public est *Black River*, du sculpteur ghanéen El Anatsui, une tapisserie en capsules de bouteilles recyclées.

★ À savoir

- L'application gratuite MFA Mobile permet, à tout détenteur de smartphone, de disposer d'informations interactives.
- Possibilité de visites guidées à la journée.
- Entrée gratuite pour les moins de 17 ans après 15h en semaine et toute la journée le week-end.
- Avant de commencer la visite, prenez le temps d'admirer les fresques de la rotonde et au-dessus du grand escalier, œuvres de John Singer Sargent.

Une petite faim ?

Dans le spacieux Shapiro Family Courtyard, goûtez à la cuisine américaine contemporaine au **New American Café** (sandwichs 17-19 $; 11h-16h sam-lun et mer, 11h-20h jeu-ven).

Les incontournables

Isabella Stewart Gardner Museum

Isabella Stewart Gardner, grande collectioneuse d'art et mécène, a vécu dans ce somptueux palais de style vénitien jusqu'à sa mort, en 1924. Reflet de son goût pour les belles œuvres d'art, le musée Gardner réunit une collection inestimable de près de 2 500 objets, principalement européens. Merveilleux havre de paix, le jardin d'hiver sur quatre niveaux dans la cour intérieure vaut à lui seul le prix d'entrée.

PLAN P. 128, B4

617-566-1401

www.gardnermuseum.org

25 Evans Way

adulte/enfant 20 $/gratuit

11h-17h mer-lun, nocturne 21h jeu

T Museum of Fine Arts

Cloître

Le cloître espagnol est pavé de remarquables carreaux islamiques. À une extrémité, une arcade mauresque encadre une peinture de John Singer Sargent, *El Jaleo*. À l'autre, une porte en fer forgé mène à la chapelle espagnole, ainsi nommée d'après l'art religieux qui l'orne.

2e niveau

La **Dutch Room** contient la petite collection d'art hollandais et flamand d'Isabella, comprenant un autoportrait de Rembrandt et un autre de Rubens. Remarquez les cadres vides : les peintures qui s'y trouvaient ont été volées. La **Tapestry Room**, aux dix tapisseries allégoriques, évoque la salle d'un château.

3e niveau

On peut y admirer les plus belles pièces de la riche collection. La **Veronese Room**, qui doit son nom à la superbe peinture du plafond, est remplie de trésors, dont des pastels de James McNeill Whistler.

La **Titian Room**, agencée autour du *Viol d'Europe* de Titien, est la plus célèbre salle du musée. Dernière étape de votre visite, la **Gothic Room** présente un remarquable portrait d'Isabella Stewart Gardner, réalisé par Sargent.

Vol au musée

Le 18 mars 1990, deux voleurs déguisés en policiers ont dérobé au musée des œuvres estimées à près de 200 millions de dollars, notamment *Le Concert* de Vermeer, trois œuvres de Rembrandt, d'autres de Manet et de Degas, ainsi que des antiquités françaises et chinoises. Ce vol n'a jamais été élucidé et les cadres ont été laissés vides pour respecter la volonté de Mme Gardner de ne pas voir sa collection altérée.

★ À savoir

- Entrée au musée gratuite le jour de votre anniversaire, et tous les jours si vous vous appelez Isabella.
- Des visites guidées gratuites, comme le Collection Highlights Tour (45 minutes, 12h et 14h en semaine), et des conférences ont lieu presque quotidiennement.
- Agrémentée d'art ancien et fleurie en saison, la cour (photo ci-contre) séduit sous tous les angles. À admirer des fenêtres des étages supérieurs.

Une petite faim ?

À l'élégant **Café G** (plats 16-18 $; 11h-16h mer-lun, jusqu'à 20h jeu) du musée, on vous remettra un bipeur. Vous pourrez ainsi poursuivre votre visite du palais en attendant que votre table soit prête. Autre possibilité : sortez du musée et traversez les Back Bay Fens pour un bon déjeuner rapide chez El Pelon (p. 129).

Les incontournables

Fenway Park

Qu'est-ce qui fait du Fenway Park le "stade de base-ball favori des Américains" ? Inauguré en 1912, le siège de l'équipe des Boston Red Sox est aussi le plus ancien stade de base-ball du pays. Pour en savoir plus, participez à la visite guidée d'une heure de ce lieu chéri des Bostoniens. Mieux encore, suivez le match du haut du légendaire Green Monster !

PLAN P. 128, C1

www.mlb.com/redsox

4 Jersey St

visite guidée adulte/enfant 25/17 $, avant-match 37-47 $

9h-17h avr-oct, horaire spécial les jours de matchs, 10h-17h nov-mars

T Kenmore

Green Monster

Comme tous les supporters des Red Sox vous le diront, "le mur a donné, le mur a repris". Il faut dire que ce mur de 11 m clôturant le champ extérieur gauche se situe à tout juste 95 m du marbre (contre 99 m habituellement), si bien qu'il est apprécié des batteurs droitiers qui peuvent réaliser facilement un coup de circuit grâce à une frappe haute sur la gauche. Pour autant, les batteurs peuvent passer à côté du fameux *home run* si une puissante – mais trop basse – flèche rebondit sur le mur et produit un double.

Le Triangle

De nombreux doubles se sont transformés en triples lorsque la balle est venue se nicher dans le coin le plus éloigné et sombre du champ centre (là où les murs forment un triangle). Il se situe à 130 m, soit la distance la plus éloignée du batteur.

Pesky Pole

Le poteau de démarcation du champ droit de Fenway doit son nom à Johnny Pesky, dit aussi "Mr Red Sox". L'ancien *shortstop* a partagé la vie des Red Sox pendant 15 ans en tant que joueur et 46 comme entraîneur, manager et instructeur spécial, jusqu'à sa mort en 2012.

Lone Red Seat

Un siège rouge tranche avec les gradins verts. Le siège 21, section 42, rangée 37 marquerait la distance maximum jamais atteinte par un coup de circuit au Fenway Park, officiellement 153 m, un coup réalisé par le défenseur de champ gauche des Red Sox, Ted Williams, en 1946.

★ À savoir

- Les visites guidées débutent à l'heure pile. Achat de billets en ligne ou à la billetterie de la porte D.
- Pour voir un match, mieux vaut acheter ses billets longtemps à l'avance. Des billets pour le jour même (1/pers) sont mis en vente à la porte E, 1 heure 30 avant le match, mais une file se forme bien avant.
- Les jours de match, observez les équipes s'échauffer en participant au "pre-game tour", visite d'avant-match (37 $).

Une petite faim ?

Des stands de hot-dogs, de *nachos*, de bretzels et de bière jalonnent le passage couvert du stade.

À l'extérieur du stade, vous pourrez boire et manger au Bleacher Bar (p. 130) ou dans n'importe quel autre bar de Lansdowne St.

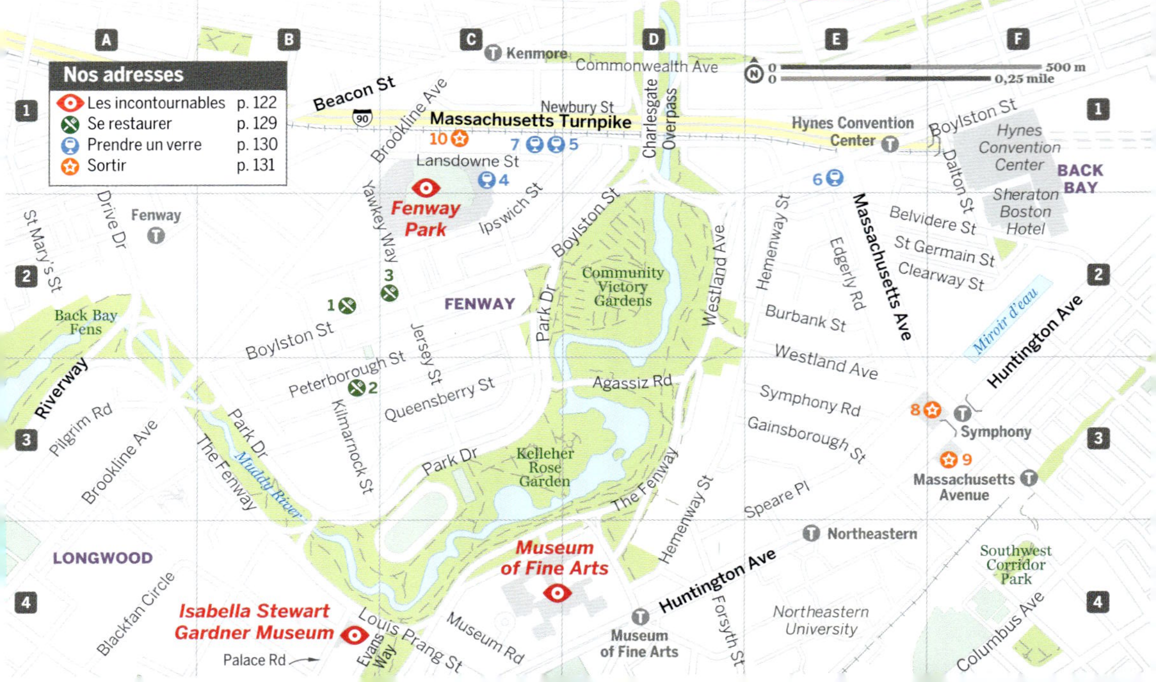

Nos adresses
Les incontournables p. 122
Se restaurer p. 129
Prendre un verre p. 130
Sortir p. 131
A
B
C
D
E
F
1
2
3
4
0 500 m
0 0,25 mile
Kenmore
Commonwealth Ave
Beacon St
Brookline Ave
Newbury St
Massachusetts Turnpike
90
Charlesgate Overpass
Hynes Convention Center
Boylston St
Hynes Convention Center
BACK BAY
Sheraton Boston Hotel
Dalton St
Belvidere St
St Germain St
Clearway St
Miroir d'eau
Huntington Ave
Massachusetts Ave
Edgerly Rd
Hemenway St
Burbank St
Westland Ave
Symphony Rd
Gainsborough St
Symphony
Massachusetts Avenue
Speare Pl
Northeastern
Southwest Corridor Park
Northeastern University
Columbus Ave
Forsyth St
Museum of Fine Arts
Museum of Fine Arts
Lansdowne St
Fenway Park
Ipswich St
Yawkey Way
Boylston St
Community Victory Gardens
Westland Ave
Park Dr
FENWAY
Agassiz Rd
Kelleher Rose Garden
The Fenway
Jersey St
Peterborough St
Queensberry St
Kilmarnock St
Park Dr
Muddy River
The Fenway
St Mary's St
Drive Dr
Fenway
Back Bay Fens
Riverway
Pilgrim Rd
Brookline Ave
LONGWOOD
Blackfan Circle
Isabella Stewart Gardner Museum
Palace Rd
Evans Way
Louis Prang St
Museum Rd
1
2
3
4
5
6
7
8
9
10

Se restaurer

Eventide Fenway
FRUITS DE MER $

1 PLAN P. 128, B2

Mike Wiley et Andrew Taylor, lauréats du prix James Beard, ont ouvert cette version de service au comptoir de leur restaurant de fruits de mer du Maine. Pour une expérience des plus gastronomiques, accompagnez d'une bière artisanale ou d'un verre de rosé des huîtres ou une guédille au homard au beurre noisette. (617-545-1060 ; www.eventideoysterco.com ; 1321 Boylston St ; plats 12-45 $; 12h-21h mer-dim ; ; T Fenway)

El Pelon
MEXICAIN $

2 PLAN P. 128, B3

Si votre budget est serré, ne manquez pas cette occasion de déguster les meilleurs burritos, tacos et *tortas* (sandwichs ovales, à la sauce légèrement pimentée) de Boston, faits avec les ingrédients les plus frais. Mention spéciale pour les *tacos de la casa*, en particulier le *pescado*, à la morue croustillante d'Islande et mayonnaise au piment. Couverts et assiettes jetables. (617-262-9090 ; www.elpelon.com ; 92 Peterborough St ; plats 6-11 $; 11h-22h ; ; T Museum)

Tasty Burger
BURGERS $

3 PLAN P. 128, C2

Cette ancienne station-service a été transformée en fast-food rétro spécialisé dans les burgers, avec billard et tables de pique-nique à l'extérieur. Le nom fait référence au film *Pulp Fiction*, tout comme,

El Pelon

au mur, l'énorme tableau de Samuel L. Jackson. Il est prévu que l'établissement déménage au 86, Van Ness St, à un jet de pierre de là. (617-425-4444 ; www.tastyburger.com ; 1301 Boylston St ; burgers 6-9 $; 11h-2h ; T Fenway)

Prendre un verre

Bleacher Bar

BAR SPORTIF

4 PLAN P. 128, C1

Caché sous les gradins de Fenway Park, ce bar chic donne sur le champ centre. Ce n'est certes pas la meilleure place pour regarder un match, le lieu devenant vite bondé, mais c'est une belle façon de découvrir le plus vieux stade de base-ball américain, même quand les Sox ne jouent pas. Pour profiter d'une place devant la fenêtre, inscrivez-vous sur la liste d'attente une heure ou deux avant le début du match. (617-262-2424 ; www.bleacherbarboston.com ; 82a Lansdowne St ; 11h30-minuit lun-jeu, 11h30-2h ven-sam, 11h30-22h dim ; T Kenmore)

Cheeky Monkey Brewing

BRASSERIE

5 PLAN P. 128, C1

Un grand bar-brasserie avec beaucoup de potentiel. La qualité du service et des plats est variable, mais l'espace est agréable et les bières – notamment deux ou trois IPA différentes, une stout, une bière blanche fruitée et d'autres bières de saison – font l'unanimité. Il y a des tables de billard, de ping-pong et de jeu de palets. (617-859-0030 ; www.cheekymonkeyboston.com ; 3 Lansdowne St ; 17h-minuit mar-mer, 17h-1h jeu-ven, 13h-1h sam, 13h-23h dim ; ; T Kenmore)

Pavement Coffeehouse

CAFÉ

6 PLAN P. 128, E1

Ses murs de briques apparentes ornés d'œuvres d'art confèrent au lieu un aspect bohème. Le café issu du commerce équitable et les bagels, dont maintes versions végétariennes (par exemple au fromage végan), ont la faveur des étudiants de Berklee et autres esprits créatifs. (617-236-1500 ; www.pavementcoffeehouse.com ; 1096 Boylston St ; 7h-16h ; ; T Hynes)

Lansdowne Pub

PUB IRLANDAIS

7 PLAN P. 128, C1

Le week-end et les soirs de match de base-ball, le Lansdowne Pub est bondé d'étudiants trempés de sueur et guillerets, en particulier si les Sox l'emportent. Si vous n'êtes pas très base-ball, peut-être aimerez-vous plutôt les soirées quiz (mercredi), karaoké avec musiciens (jeudi) ou groupes de reprises (vendredi et samedi). (617-247-1222 ; www.lansdownepubboston.com ; 9 Lansdowne St ; droit d'entrée occasionnel 5 $; 16h-2h lun-ven, 12h-2h sam-dim ; T Kenmore)

Sortir

Boston Symphony Orchestra

MUSIQUE CLASSIQUE

8 PLAN P. 128, F3

Ce lieu est à la hauteur de la programmation ambitieuse de l'orchestre symphonique de Boston (BSO). De septembre à avril, le BSO se produit dans le superbe **Symphony Hall** (1900), au plafond à haut-relief conçu avec le concours d'un physicien de Havard pour offrir une acoustique parfaite. (617-266-1200 ; 617-266-1492 ; www.bso.org ; 301 Massachusetts Ave ; billets 30-145 $; T Symphony)

Huntington Theatre Company

THÉÂTRE

9 PLAN P. 128, F3

Cette prestigieuse compagnie bostonienne, régulièrement primée, monte de nouvelles pièces et met en scène de nombreux spectacles avant leur programmation à Broadway (et parfois leur consécration aux Tony Awards). (Boston University Theatre ; 617-266-7900 ; www.huntingtontheatre.org ; 264 Huntington Ave ; T Symphony)

House of Blues

CONCERTS

10 PLAN P. 128, C1

La salle d'origine fut fondée par Dan Aykroyd (membre des mythiques Blues Brothers) et Isaac Tigrett (à qui on doit également le Hard Rock Café) dans une maison historique de Harvard Square. Celle d'aujourd'hui, à Fenway, est plus grande et plus élégante, attirant des groupes nationaux et quelques groupes indépendants. (888-693-2583 ; www.hob.com/boston ; 15 Lansdowne St ; T Kenmore)

zens Bank

Explorer Cambridge

Bordant la rive nord de la Charles River, Cambridge est une ville à part entière. Elle compte deux prestigieuses universités, de nombreux sites historiques ainsi qu'un riche patrimoine artistique et culturel. Les restaurants, les bars et les clubs de musique dans les rues autour de Harvard Square n'ont, eux, rien à envier à ceux de l'autre rive.

Notre sélection

- ***Harvard Square (p. 138)*** *Faites le tour des librairies, des disquaires et des boutiques de vêtements vintage.*
- ***Minuteman Bikeway (p. 144)*** *Parcourez cette route cyclable entre Cambridge et Bedford.*
- ***Harvard Art Museums (p. 142)*** *Admirez leurs collections variées et leur architecture.*
- ***Massachusetts Institute of Technology (p. 136)*** *Découvrez une fabuleuse collection éclectique d'art public.*
- ***Mt Auburn Cemetery (p. 142)*** *Repérez les pierres tombales célèbres, les impressionnantes œuvres d'art et les discrets oiseaux.*

Comment y aller et circuler

M Prenez la ligne rouge jusqu'à Harvard pour Harvard Square, Central pour Central Sq et Kendall/MIT pour Kendall Sq.

Plan de Cambridge p. 140

Harvard Square (p. 138) F11PHOTO/SHUTTERSTOCK ©

Les incontournables

Harvard

Si la plus ancienne université des États-Unis, fondée en 1636 pour former les hommes appelés à gouverner, occupe aujourd'hui de vastes domaines à Cambridge, à Allston et au-delà, Harvard Yard, avec ses bâtiments en brique rouge et ses pelouses couvertes de feuilles, reste son cœur historique et géographique, où les étudiants se retrouvent, révisent et reçoivent leurs diplômes.

PLAN P. 140, F3

Harvard University

T Harvard

Massachusetts Hall et Harvard Hall

Les deux bâtiments les plus anciens du campus jouxtent la porte Johnston. Au sud, le Massachusetts Hall (1720) abrite les bureaux de la présidence de l'université. C'est le doyen des édifices de Harvard et des bâtiments universitaires du pays. Au nord, le Harvard Hall, à l'origine la bibliothèque date de 1766.

Statue de John Harvard

Ceux qui espèrent intégrer Havard viennent toucher la chaussure polie de cette statue, sculpture de Daniel Chester, en guise de porte-bonheur. Elle porte l'inscription "John Harvard, fondateur de Harvard, 1638", et est surnommée la "statue des trois mensonges" : elle ne représente pas John Harvard mais un étudiant lambda, Harvard fut le premier donateur et non le fondateur de l'université, qui date en réalité de 1636. Ce symbole de Harvard n'est donc pas à l'aune de la devise de l'université : *Veritas*, "Vérité".

Widener Library

Derrière la succession de colonnes corinthiennes et d'escaliers raides de cette bibliothèque sont conservés plus de 8 km de livres. Elle fut construite en souvenir du collectionneur de livres rares Harry Elkins Widener, mort sur le *Titanic* après, selon la légende, avoir cédé sa place sur un canot de sauvetage pour récupérer son livre favori dans sa luxueuse cabine. La bibliothèque ne se visite pas.

Memorial Hall

Au nord de Harvard Yard, après les Bradstreet Gates, en traversant la pelouse, ce bâtiment victorien de style néogothique rend hommage aux héros de la guerre civile étudiants à Harvard. Les visiteurs ont en principe accès au Memorial Transept, aux vitraux et aux murs peints au pochoir. Dans l'Annenburg Hall (fermé au public), sont conservés des trésors artistiques.

★ À savoir

- Des visites gratuites partent du centre d'information de l'université de Harvard, situé à l'intérieur du Smith Campus Center (p. 139).
- Pour visiter Harvard par vous-même, procurez-vous un guide au Smith Campus Center ou téléchargez le fichier audio ou l'application mobile sur le site Internet.
- Terminez la visite en haut des marches du Robinson Hall, d'où faire une photo parfaite du Memorial Hall.

Une petite faim ?

Harvard Square ne manque pas de lieux où boire et manger, dont plusieurs adresses au Smith Campus Center. Mr Bartley's Burger Cottage (p. 143) est une valeur sûre.

Les incontournables

Massachusetts Institute of Technology

Fièrement geek et moins guindé que Harvard, le MIT donne une tout autre image du monde universitaire de Cambridge. Une récente frénésie de construction a donné lieu à certains des monuments architecturaux les plus intéressants que l'on puisse trouver de part et d'autre du fleuve. À noter également : la fantastique (et grandissante) collection d'art public, ainsi que quelques musées originaux.

PLAN P. 140, B5

617-253-1000

www.mit.edu

77 Massachusetts Ave

session d'info et visite du campus 10h et 14h30 lun-ven

T Kendall/MIT

MIT Museum

Les cerveaux du MIT ont conçu le musée le plus singulier de la ville : le **MIT Museum** (617-253-5927 ; mitmuseum.mit.edu ; 314 Main St, Gambrill Center, Building E28 ; adulte/enfant 18/10 $; 10h-17h ; P ; T Kendall/MIT). Il questionne sur l'art, la technologie et tout ce qui se trouve entre les deux, abordant des sujets aussi divers que la robotique, les hologrammes, les maquettes de bateaux et la sculpture interactive.

List Visual Arts Center

Petit mais subversif, le **List Visual Arts Center** (617-253-4680 ; listart.mit.edu ; 20 Ames St, Weisner Bldg ; don 5 $; 12h-18h mar et ven-dim, 12h-19h mer-jeu ; T Kendall/MIT) est dédié à l'art dans son acception la plus large, avec des expositions qui amènent à s'interroger sur la culture, la société et la science. On y trouve par ailleurs une carte des œuvres d'art public dispersées sur le campus du MIT, signées notamment d'Alexander Calder, de Sol LeWit et d'Henry Moore.

Stata Center

De tous les bâtiments remarquables du campus du MIT, l'édifice avant-gardiste du **Stata Center** (CSAIL ; 617-253-5851 ; www.csail.mit.edu ; 32 Vassar St ; T Kendall/MIT), dessiné par l'architecte de légende Frank Gehry, est le plus frappant.

★ À savoir

- Les visites guidées du campus partent du MIT Information Center à 10h et 14h30 du lundi au vendredi.
- Des étudiants présentent les œuvres d'art public et les expositions. Pour plus d'informations, contactez le List Visual Arts Center.
- Découvrez les facéties des étudiants du MIT à la IHTFP Hack Gallery (hacks.mit.edu).

Une petite pause ?

Lorsqu'il était à Boston, Barack Obama mangeait à **Area Four** (www.areafour.com ; 500 Technology Sq ; pizza 18-28 $; 7h-21h lun-ven, 8h-21h sam ;), pizzeria et café prisé.

Le **Roxy's Grilled Cheese** (www.roxysgrilledcheese.com ; 292 Massachusetts Ave ; 11h-23h lun-sam ;) a pour spécialité le sandwich au fromage fondu.

Promenade à pied

Harvard Square décalé

Harvard Square concentre cafés, librairies, disquaires et musiciens de rue, et si de nombreux Cambridgiens estiment qu'elle n'est plus ce qu'elle était, la place n'en reste pas moins un centre de la contre-culture. Cet itinéraire vous emmène à la découverte de certains de ses lieux singuliers, nouveaux et anciens.

La promenade :

Départ Raven Used Books ; T Harvard

Arrivée Harvard Bookstore ; T Harvard

Distance et durée 1,6 km ;30 minutes

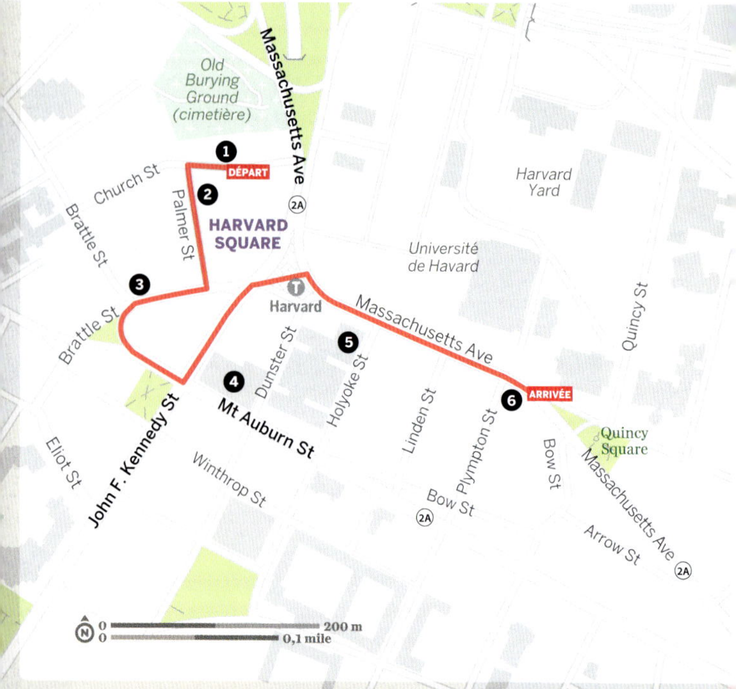

❶ Raven Used Books

Appréciée des étudiants et des dilettantes, cette **librairie d'occasion** (www.ravencambridge.com ; 23 Church St ; 11h-18h) est un trésor d'ouvrages sur l'histoire, l'art et la culture.

❷ Club Passim

Jadis, le Club 47 accueillit sur sa scène Joan Baez, Bob Dylan et Joni Mitchell. Aujourd'hui appelé **Club Passim** (p. 144), il attire toujours les grands artistes folk.

❸ Brattle Square

Cette place, proche du **Brattle Theatre** (p. 145), fait office de scène pour les artistes de rue. Tracy Chapman y chanta dans les années 1980, Amanda Palmer y fit la statue vivante dans les années 1990 et le marionnettiste Igor Fokin s'y produisait jusqu'à sa mort précoce en 1996. Une marionnette en bronze lui tient lieu d'hommage.

❹ The Garage

Ce petit **centre commercial** (36 John F. Kennedy St ; 10h-22h lun-sam, 11h-20h dim) occupe un ancien parking couvert. Si les magasins changent souvent, quelques vétérans – Newbury Comics et Chameleon Tattoo & Body Piercing – attirent toujours gothiques et punks.

❺ Smith Campus Center

La place devant le **Smith Campus Center** (30 Dunster St ; 7h-minuit dim-ven, 7h-1h sam) accueille un tournoi d'échecs depuis 30 ans ; repérez la pancarte "Play the Chessmaster" ("Jouez avec le maître d'échecs"). Le lieu réunit aussi musiciens ambulants et autres personnages de Harvard Square.

❻ Harvard Book Store

La **Harvard Bookstore** (www.harvard.com ; 1256 Massachusetts Ave ; 9h-23h lun-sam, 10h-22h dim ; T Harvard) n'est pas qu'une simple librairie ; c'est aussi un club de lecture. Entrez, parcourez les rayonnages et jetez un coup d'œil aux ouvrages vendus à prix réduit au sous-sol. La **Grolier Poetry Bookshop** (www.grolierpoetrybookshop.org ; 6 Plympton St ; 11h-19h mer-ven ; T Harvard) voisine est la plus ancienne, voire la plus célèbre, librairie de poésie du pays.

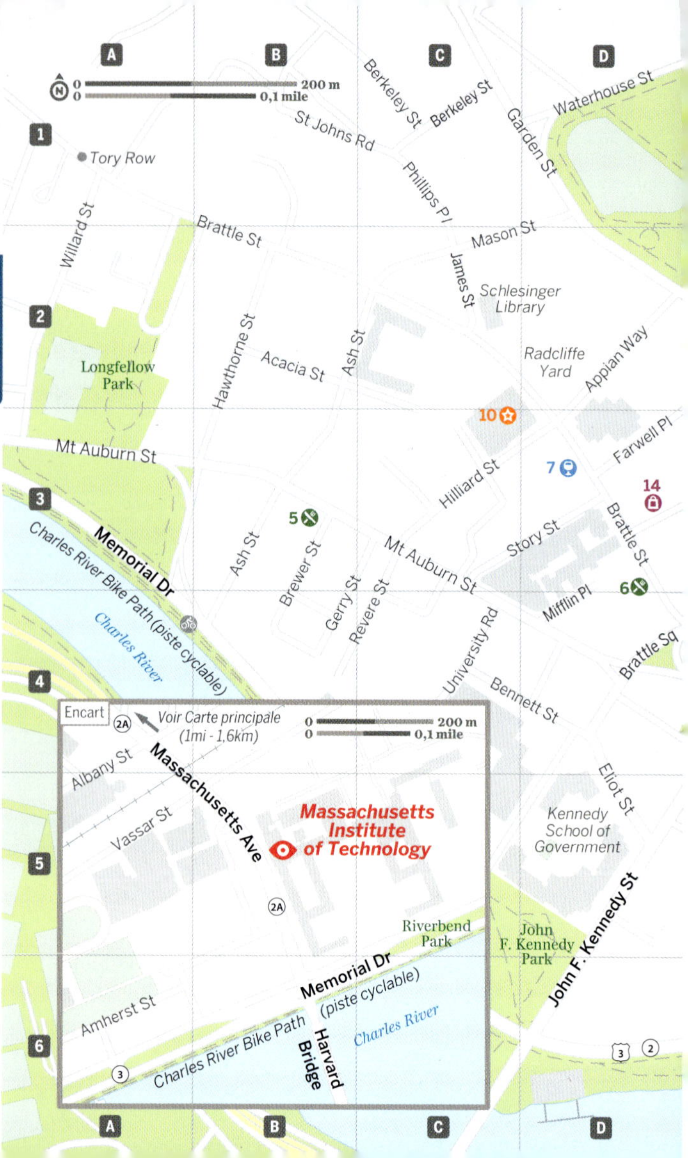
A
B
C
D
0 200 m
0 0,1 mile
1
2
3
4
5
6
Tory Row
Willard St
Brattle St
St Johns Rd
Berkeley St
Berkeley St
Garden St
Waterhouse St
Phillips Pl
Mason St
James St
Schlesinger Library
Longfellow Park
Hawthorne St
Acacia St
Ash St
Radcliffe Yard
Appian Way
10
Farwell Pl
7
14
Mt Auburn St
Hilliard St
5
Ash St
Brewer St
Gerry St
Revere St
Mt Auburn St
Story St
Brattle St
Mifflin Pl
6
Memorial Dr
Charles River Bike Path (piste cyclable)
Charles River
University Rd
Bennett St
Brattle Sq
Encart
2A
Voir Carte principale (1mi - 1,6km)
0 200 m
0 0,1 mile
Albany St
Massachusetts Ave
Vassar St
Massachusetts Institute of Technology
2A
Riverbend Park
Memorial Dr (piste cyclable)
Amherst St
Charles River Bike Path
Harvard Bridge
Charles River
3
Eliot St
Kennedy School of Government
John F. Kennedy Park
John F. Kennedy St
3
2

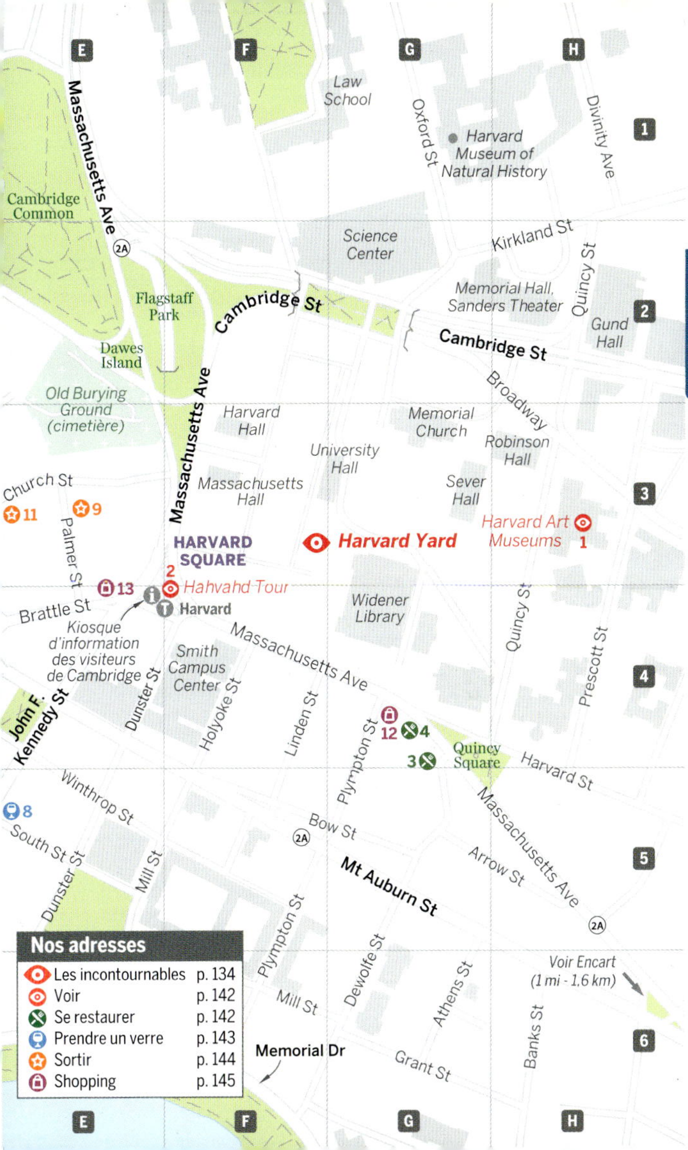
E
F
G
H
1
2
3
4
5
6
Law School
Oxford St
Harvard Museum of Natural History
Divinity Ave
Massachusetts Ave
Cambridge Common
2A
Science Center
Kirkland St
Quincy St
Memorial Hall, Sanders Theater
Gund Hall
Flagstaff Park
Cambridge St
Cambridge St
Dawes Island
Broadway
Old Burying Ground (cimetière)
Harvard Hall
Memorial Church
Robinson Hall
University Hall
Massachusetts Ave
Massachusetts Hall
Sever Hall
Church St
11
9
Palmer St
HARVARD SQUARE
Harvard Yard
Harvard Art Museums
1
2
13
Hahvahd Tour
Harvard
Brattle St
Kiosque d'information des visiteurs de Cambridge
Widener Library
Quincy St
Prescott St
Massachusetts Ave
Smith Campus Center
Dunster St
Holyoke St
Linden St
John F. Kennedy St
12
4
Plympton St
3
Quincy Square
Harvard St
Winthrop St
8
South St
Dunster St
Mill St
Bow St
2A
Mt Auburn St
Arrow St
Massachusetts Ave
2A
Plympton St
Dewolfe St
Athens St
Voir Encart (1 mi - 1,6 km)
Banks St
Mill St
Memorial Dr
Grant St
Nos adresses
Les incontournables p. 134
Voir p. 142
Se restaurer p. 142
Prendre un verre p. 143
Sortir p. 144
Shopping p. 145

Voir

Harvard Art Museums MUSÉES

1 PLAN P. 140, H3

La rénovation et l'agrandissement du musée des Beaux-Arts de Harvard, réalisés en 2014 sous la direction de l'architecte Renzo Piano, ont permis de réunir avec beaucoup de style sous un même toit l'immense fonds de l'université (250 000 pièces). Les collections sont présentées par sections, en fonction de leur origine géographique, dédiées aux cultures asiatiques et islamiques, aux cultures d'Europe du Nord et germaniques et au reste de l'art d'Occident, notamment au courant moderniste européen (anciennement Fogg Museum). (617-495-9400 ; www.harvardartmuseums.org ; 32 Quincy St ; tarif plein/enfant/étudiant 20 $/gratuit/gratuit ; 10h-17h mar-dim ; T Harvard)

Hahvahd Tour CIRCUITS À PIED

2 PLAN P. 140, F4

Cette entreprise fondée par des étudiants de Harvard désireux de partager l'histoire et la vie étudiante de l'université propose aujourd'hui diverses visites guidées à Boston. Le Hahvahd Tour, drôle et décalé est leur circuit phare. Les guides, des étudiants, n'hésitent pas à demander un pourboire. (Trademark Tours ; 855-455-8747 ; trademarktours.com ; adulte/enfant 19,50/17,50 $; T Harvard)

Se restaurer

Hokkaido Ramen Santouka JAPONAIS $

3 PLAN P. 140, G4

Le service est agréable et rapide, et les nouilles, nourrissantes à souhait. Pourquoi le personnel crie-t-il de temps à autre ? C'est sa manière de souhaiter

Brattle Street

On se plaît à se promener dans Brattle St, à l'ouest de Harvard Sq, pour admirer les élégantes demeures historiques autrefois habitées par les sympathisants de la Couronne, ce qui valut à la rue le surnom de **Tory Row** (plan p. 140, A1).

Au bout de la rue, à 30 minutes à pied à l'ouest de Harvard Sq, le **Mt Auburn Cemetery** (617-547-7105 ; www.mountauburn.org ; 580 Mt Auburn St ; 8h-20h mai-sept, 8h-17h oct-avr ; 71, 73, T Harvard), premier "cimetière paysager" des États-Unis, aménagé en 1831, vaut le déplacement. Des plans indiquent les variétés botaniques rares et les sépultures notables. On peut aussi louer un audioguide auprès du gardien ou télécharger l'appli Mt Auburn.

la bienvenue aux clients. (☎617-945-1460 ; www.santouka.co.jp/en ; 1 Bow St ; plats 12-20 $; ⏰11h-21h lun-jeu, 11h-21h30 ven-dim, 11h-21h ; Ⓣ Harvard)

Mr Bartley's Burger Cottage

BURGERS $

4 PLAN P. 140, G4

Une institution de Harvard Square depuis plus d'un demi-siècle, où les étudiants viennent dévorer des hamburgers autour de quantité de petites tables. La carte compte plus de 30 burgers, parmi lesquels des nouveautés aux noms évoquant l'actualité, comme le Joe Biden et le Mar-a-Lago ; frites de patates douces, *onion rings* (beignets d'oignon), épais milk-shakes et cocktails citron vert-framboises complètent ce repas américain typique. (☎617-354-6559 ; www.mrbartley.com ; 1246 Massachusetts Ave ; burgers 14-25 $; ⏰11h-19h30 mar-sam ; Ⓣ Harvard)

Darwin's Ltd

SANDWICHS $

5 PLAN P. 140, B3

Le personnel du Darwin's, qui sert sandwichs gras, soupe et salades fraîches, délicieux cafés et pâtisseries, ne manque pas de caractère. Les places sont limitées ; si vous n'avez pas besoin du Wi-Fi, emportez votre déjeuner au JFK Park ou au Radcliffe Yard. (☎617-354-5233 ; www.darwinsltd.com ; 148 Mt Auburn St ; sandwichs 10-15 $; ⏰8h-15h ; 📶 ✍ ; Ⓣ Harvard)

Alden & Harlow

AMÉRICAIN $$$

6 PLAN P. 140, D3

Cet établissement en sous-sol revisite la cuisine américaine avec de petites assiettes à partager permettant à chacun de goûter à tout. Ce n'est plus un secret pour personne, le Secret Burger est divin. Réservation recommandée. (☎617-864-2100 ; www.aldenharlow.com ; 40 Brattle St ; petites assiettes 15-29 $; ⏰10h30-14h30 sam-dim, 17h-23h tlj ; ✍ ; Ⓣ Harvard)

Prendre un verre

LA Burdick

CAFÉ

7 PLAN P. 140, D3

Ce chocolatier indépendant sert les meilleurs chocolats chauds, noir ou au lait que vous boirez dans votre vie. Il n'y a que quelques tables ; il est difficile d'en avoir une lorsque les températures sont basses. (☎617-491-4340 ; www.burdickchocolate.com ; 52 Brattle St ; ⏰8h-20h lun-mer, 8h-21h jeu-dim ; Ⓣ Harvard)

Shays Pub & Wine Bar

PUB

8 PLAN P. 140, E5

Le charmant Shays – plus pub que bar à vins – est depuis longtemps une adresse prisée des étudiants de Harvard, dont certains se régalent de burgers et amuse-bouches dans la salle intime en sous-sol, et d'autres profitent du soleil sur la petite terrasse de brique en observant les allées et venues des passants sur le trottoir. (☎617-864-9161 ;

Les meilleurs itinéraires à vélo

Circuit à vélo prisé, le **Charles River Bike Path** (plan p. 140 ; Storrow Dr & Memorial Dr ; ; T Harvard, Kendall/MIT, Charles/MGH, Science Park) parcourt les deux rives de la Charles River entre le Museum of Science et le centre de Watertown. Le tour complet fait 27 km, mais les dix ponts donnent autant d'occasions de raccourcir l'excursion.

Meilleur itinéraire à vélo de Boston, le **Minuteman Bikeway** (www.minutemanbikeway.org ; T Alewife, Davis) part près de la station Alewife, parcourt 8 km jusqu'au Lexington Center, puis traverse 6 km de paysages idylliques avant de se terminer dans la banlieue rurale de Bedford.

www.shayspubwinebar.com ; 58 John F. Kennedy St ; 16h-23h lun-mer, 12h-minuit jeu, 12h-1h ven-sam, 12h-23h dim ; T Harvard)

Sortir

Club Passim — CONCERTS

9 PLAN P. 140, E3

Vestige de l'époque où la musique folk était florissante à Cambridge (et dans tout le pays), ce club légendaire continue de programmer des grands noms du genre, soutenant à lui seul la scène folk de la ville. (617-492-7679 ; www.passim.org ; 47 Palmer St ; billets 10-32 $; T Harvard)

American Repertory Theater — THÉÂTRE

10 PLAN P. 140, C3

Le prestigieux ART monte de nouvelles pièces et revisite des classiques au Loeb Drama Theater très bien conçu de l'université de Harvard. Diane Paulus, la directrice artistique, encourage une vision au sens large du théâtre : mise en scène de "Cluedo" interactifs, lectures de romans, opéra digital. (617-547-8300 ; www.americanrepertorytheater.org ; 64 Brattle St ; billets à partir de 50 $; T Harvard)

Brattle Theatre — CINÉMA

Théâtre de répertoire de 1890 rénové, le Brattle (voir plan 6 p. 140, D3) projette régulièrement des films noirs, des films indépendants et des séries qui mettent à l'honneur des réalisateurs ou des périodes. (617-876-6837 ; www.brattlefilm.org ; 40 Brattle St ; T Harvard)

Sinclair — CONCERTS

11 PLAN P. 140, E3

Une petite salle de concerts de premier choix à l'excellente acoustique. La mezzanine permet d'échapper à la cohue du bas. Un bel éventail de groupes et de DJ locaux s'y produisent. (617-547-5200 ; www.sinclaircambridge.com ; 52 Church St ; billets 20-40 $; 17h-1h lun-mer, 17h-2h jeu-ven, 11h-2h sam, 11h-1h dim ; T Harvard)

Shopping

Harvard Book Store
LIVRES

12 PLAN P. 140, G4

Si elle n'est pas officiellement affiliée à Harvard, cette librairie familiale ouverte depuis 1932 a la faveur de la communauté universitaire. La boutique reste axée sur l'académique, mais elle vend également de nombreux romans et, au sous-sol, des livres d'occasion et des ouvrages soldés. (617-661-1515 ; www.harvard.com ; 1256 Massachusetts Ave ; 9h-22h lun-sam, 10h-21h dim ; T Harvard)

Cardullo's Gourmet Shoppe
ALIMENTATION

13 PLAN P. 140, E4

Ce magasin propose un excellent choix de produits de Nouvelle-Angleterre, par exemple Cranberry Bog Frogs (bonbons) de Cape Cod, friandises au sucre d'érable du Vermont et même chaudrée de palourdes du Maine. (617-491-8888 ; www.cardullos.com ; 6 Brattle St ; 10h-19h lun-sam, 11h-18h dim ; T Harvard)

Cambridge Artists Cooperative
ARTISANAT

14 PLAN P. 140, D3

De merveilleux accessoires, bijoux, écharpes tissées, articles en cuir et poteries faits main par des artistes de Cambridge, sont exposés sur deux étages par roulement dans un espace détenu et géré par les artistes eux-mêmes. Comme ils s'occupent aussi de la vente, vous aurez de bonnes chances de rencontrer l'artisan derrière l'objet. (617-868-4434 ; www.cambridgeartistscoop.com ; 59a Church St ; 12h-18h mar-dim ; T Harvard)

Carnet pratique

Long Wharf et Downtown Boston (p. 75)

Avant de partir

Hébergement

- Le vaste choix va des pensions accueillantes dans des demeures historiques aux hôtels chics tout équipés.
- De nombreuses demeures ont été transformées en bed and breakfast, offrant atmosphère intime et service personnalisé.
- Étonnamment, on trouve peu d'hébergements pour voyageurs à petit budget.

Sites Web

- **Lonely Planet** (lonelyplanet.com/usa/boston/hotels). Adresses et réservation.
- **Bed & Breakfast Associates Bay Colony** (www.bostonextendedstay.com). Immense base de données de chambres et appartements meublés.

Boston Green Tourism (www.bostongreentourism.org). Liste à jour d'hôtels écologiques.

Boston

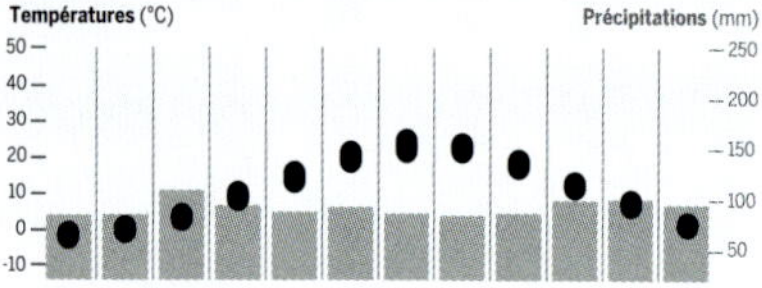

Quand partir

- **Printemps** Climat doux et nombreux événements, notamment universitaires.
- **Été** Aussi fréquenté, mais chaud et humide.
- **Automne** Temps frais et feuillages colorés.
- **Hiver** Les températures et les prix chutent.

Petits budgets

- **HI-Boston** (www.bostonhostel.org). Une très sympathique adresse, à deux pas de Chinatown.
- **Revolution Hotel** (www.therevolutionhotel.com). Hôtel à petits prix, cool et créatif.

Catégorie moyenne

- **Newbury Guest House** (www.newburyguesthouse.com.com). Trois bâtiments reliés entre eux, au cœur de Newbury St.
- **Harding House** (www.harding-house.com). Cette maison douillette, à Cambridge, est associée à la Irving House, chère aux étudiants de Harvard depuis les années 1920.
- **College Club** (www.thecollegeclubofboston.com). Demeure cosy à Back Bay.

Catégorie supérieure

- **Liberty Hotel** (www.libertyhotel.com). Luxe au bord de l'eau dans une ancienne prison.
- **Verb Hotel** (www.theverbhotel.com). Du style à revendre.
- **No 284** (www.no284.com). *Brownstone* de Back Bay luxueuse et pleine de charme.

Arriver à Boston

Aéroports

➜Aéroport International de Logan

- Bus MBTA "Silver Line" (SL1) gratuit jusqu'à South Station ; puis correspondance avec la ligne rouge du T (métro).
- Ligne de métro bleue (2,40-3 $) jusqu'au centre de Boston ; transfert en navette gratuite de l'aéroport jusqu'à la station Airport du métro.
- Bateau-taxi jusqu'au front de mer de Boston (12-20 $) ; transfert en navette gratuite jusqu'à l'embarcadère des ferries.
- Taxi 30-40 $.

➜Aéroport T.F. Green

- Situé à Providence (Rhode Island), à 1 heure au sud de Boston.
- Train de banlieue de la MBTA jusqu'à Back Bay ou South Station (15 $, 1 heure).

Avant de partir

Vous êtes ressortissant français ? Pensez à vous enregistrer sur le **portail Ariane** (pastel.diplomatie.gouv.fr/fildariane) du ministère des Affaires étrangères. Ce service gratuit vous permet de recevoir des alertes si la situation le justifie. Crise politique, catastrophe naturelle, attentat... recevez en temps réel des consignes de sécurité lors de votre voyage.

Il existe une application, *Conseils aux voyageurs*, pour Smartphones et tablettes,

➜Aéroport de Manchester

- Situé dans le New Hampshire, à environ 1 heure au nord de Boston.
- **Flight Line Inc** (www.flightlineinc.com) propose un service de navettes ralliant l'aéroport de Logan une fois par heure pour environ 160 $.

Depuis New York

- Les trains Express Acela de la compagnie **Amtrak** (www.amtrak.com) desservent régulièrement Boston. Les trains partent de la gare Penn Station à New York et s'arrêtent à la gare principale de Boston South Station. Le trajet coûte aux alentours de 120 $ (pas de classe économique) et dure environ 3 heures 30. À bord du Northeast Regional, comptez entre 4 heures 30 et 5 heures, à partir de 70 $.
- Le bus est la solution la plus économique notamment avec la compagnie **Greyhound** (www.greyhound.com) qui dessert Boston (arrivée à South Station). Comptez environ 4 heures 30 (suivant la circulation) ; à partir de 33 $.

Depuis la France

- **Air France** (www.airfrance.fr) assure tous les jours des vols directs entre Paris et Boston. **American Airlines** (www.aa.com) et **Delta Airlines** (www.delta.com) proposent aussi plusieurs vols directs chaque semaine.
- Comptez un minimum de 400 € aller-retour

et environ 8 heures de vol. Depuis la province, vous devrez transiter soit par Paris soit par une grande ville européenne ou américaine.

Depuis la Belgique

- Aucune compagnie ne dessert par vol direct Boston. Les grandes compagnies européennes et américaines assurent des vols avec un changement.
- Le temps de vol dépend de la ville de transit et de la durée de l'escale. Comptez au moins 520 €, en réservant tôt.

Depuis la Suisse

- Seule Zurich est desservie tous les jours par des vols directs avec Boston par **Swiss International Air Lines** (www.swiss.com), et **United Airlines** (www.united.com) propose plusieurs vols directs par semaine.
- Depuis Genève ou Bâle, il faut donc forcément transiter par Zurich ou une autre ville. Comptez environ 8 heures de vol et au moins 900 CHF.

Depuis le Canada

- Des vols directs **Air Canada** (www.aircanada.com) et **United Airlines** (www.united.com) relient plusieurs fois par jour Boston à Toronto et à Montréal. Comptez entre 1 heure 30 et 2 heures de vol (environ 300 $C depuis Toronto et 500 $C depuis Montréal).
- Les trains Acela Express de la compagnie **Amtrak** (www.amtrak.com) desservent fréquement la côte Est jusqu'à New York (durée 4 heures 30, plusieurs départs/jour). L'Adirondack de la même compagnie assure des liaisons quotidiennes entre Montréal et New York (11 heures) via la vallée de l'Husdon. Comptez environ 70 $.
- En bus, la compagnie **Greyhound** (www.greyhound.com) et son équivalent (www.greyhound.ca) exploitent le plus vaste réseau de bus d'Amérique du Nord.Comptez environ 8 heures entre Montréal et Boston et environ 85 $. Depuis Toronto, 14 heures et environ 120 $.

Comment circuler

Bateau

- Le ferry F4, aussi connu comme l'**Inner Harbor Ferry** (Plan p. 34, E3 ; www.mbta.com ; aller 3,50-10 $; 6h30-20h lun-ven, 10h-18h25 sam-dim), de la MBTA circule entre Charlestown Navy Yard et Long Wharf.
- **Boston Harbor Cruises** (www.bostonharborcruises.com) propose un service saisonnier de ferries entre Long Wharf et les îles de la baie de Boston.
- **Boston Harbor Cruises Water Taxi** (www.bostonharborcruises.com/water-taxi) fait la navette entre Long Wharf et l'aéroport, et d'autres destinations au bord de l'eau.

Bus

- La **MBTA** gère des lignes de bus de la ville, dont les horaires sont publiés sur le site Internet et affichés à certains arrêts.

- Un trajet coûte 2 $, ou 1,70 $ avec la "Charlie Card" (voir ci-contre). Il est gratuit dans le cas d'une correspondance avec le métro pour les détenteurs de la Charlie Card.
- Le bus "rapide" de la Silver Line (SL1) dessert l'aéroport de Logan. Le ticket bus+métro coûte 3 $ (2,50 $ avec la Charlie Card).

Métro (T)

- La **MBTA** (www.mbta.com) gère le plus ancien métro des États-Unis, construit en 1897 et surnommé le "T". Ses 4 lignes (rouge, bleue, verte et orange) rayonnent à partir des principales stations du centre-ville.
- Achetez un ticket papier (3 $/trajet) ou une Charlie Card (2,40 $/trajet) dans une station.
- Certaines stations proposent des forfaits touristiques permettant des trajets illimités (en métro, bus ou bateau-bus) valables une semaine (22,50 $) ou un jour (12 $).
- Le métro fonctionne de 5h30 à 0h30 environ. Les horaires varient selon les lignes et les stations.

Taxi

- Les taxis sont nombreux mais chers. Les tarifs sont calculés au compteur.
- Comptez entre 20 $ et 30 $ environ entre la plupart des points touristiques *intra-muros*, si la circulation est fluide.

Vélo

- Blue Bikes (www.bluebikes.com) est le système de vélos en libre-service de la ville.
- On trouve 400 stations à Boston, Cambridge, Brookline et Somerville, avec au total 4 000 vélos à louer pour de courtes durées.
- Téléchargez l'appli ou achetez votre carte à une borne. Payez 2,50 $ la demi-heure ou achetez un Adventure Pass pour la journée.

Infos pratiques

Argent

On trouve des DAB un peu partout. Les cartes sont acceptées dans la plupart des hôtels, restaurants et magasins.

Change

On peut changer des devises étrangères en dollars américains à l'aéroport international de Logan. Les agences bancaires en ville sont moins fiables.

Cartes bancaires

La plupart des hôtels, restaurants, stations-service, magasins et agences de location de voitures acceptent les CB. À vrai dire, sans carte, il est difficile d'effectuer certaines transactions (location d'une voiture, achat de billet de concert, etc.).

Distributeurs

Les DAB sont nombreux mais attention aux commissions (2,50 $ au moins) par retrait si vous recourez à un autre réseau banaire que le vôtre. Aux DAB des banques, préférez ceux des grandes épiceries, des centres commerciaux et des stations-service.

Monnaie

Le dollar américain ($) se divise en 100 cents. On trouve des pièces de 1¢ (*penny*), 5¢ (*nickel*), 10¢ (*dime*), 25¢ (*quarter*) et, plus rarement, de 50¢ (*half-dollar*), et des billets de 1, 2, 5, 10, 20, 50 et 100 $.

Pourboire

Beaucoup de professionnels du tourisme dépendent des pourboires pour constituer leur salaire.

Bagagistes 1 à 2 $ par sac

Serveurs et barmen 20% si le service est bon, 15% s'il est passable ; moins de 15% si le client n'est pas satisfait.

Femmes de ménage 4 à 6 $ pour un week-end, plus en cas de séjour plus long.

Chauffeurs de taxi 10% à 15% du tarif.

Cartes de réduction

Boston propose des réductions étudiants sur les principaux sites ; (n'oubliez pas votre carte d'identité). Des forfaits pour divers sites et activités sont disponibles sur www.smartdestinations.com et www.citypass.com.

International Student Identity Card (ISIC ; www.isic.fr ; 26 €). Permet à un étudiant de 12 à 26 ans d'économiser sur les billets d'avion, les assurances de voyage et les attractions touristiques locales. Pour les moins de 30 ans non étudiants, l'International Youth Travel Card (IYTC ; www.isic.fr ; 13 €) procure des reductions similaires.

Électricité

Type A
120 V/60 Hz

Type B
120 V/60 Hz

Formalités et visas

Selon votre pays d'origine, se rendre aux États-Unis peut devenir un cauchemar bureaucratique.

Pour connaître les dernières dispositions, consultez le site du **Département américain de l'État** (travel.state.gov/content/visas/en.html). Les Français peuvent aussi regarder le **site de l'ambassade américaine** (fr.usembassy.gov/fr) ou les pages consacrées aux formalités sur le site francophone de l'**Office du tourisme**

américain (www.office-tourisme-usa.com/preparez-votre-voyage/formalites-dentree).

Si vous emportez un ordinateur portable, une tablette ou un appareil photo numérique, assurez-vous que la batterie est chargée et que les officiers des douanes pourront en inspecter le contenu s'ils le souhaitent.

Visa Waiver Program

Un programme d'exemption de visa (Visa Waiver Program ou VWP) permet aux ressortissants de 38 pays dont la France, la Belgique, le Luxembourg et la Suisse, de séjourner aux États-Unis sans visa, à condition de posséder un passeport sécurisé à lecture optique. La liste des pays est constamment réexaminée.

Il est nécessaire de se munir de :

- Un passeport conforme aux normes actuellement en vigueur aux États-Unis et valide au moins 6 mois après la fin du séjour.
- Un billet aller-retour ou de continuation.
- Une somme d'argent suffisante pour couvrir votre séjour.
- Des obligations dans votre pays garantissant votre retour (travail, domicile, famille...).

ESTA

Les ressortissants des pays concernés par le VWP doivent remplir leur ESTA sur le site du **Département de la sécurité intérieure des États-Unis** (https://esta.cbp.dhs.gov/esta) jusqu'à 72 heures avant leur arrivée (mais faites-le le plus tôt possible). Les frais de dossier reviennent à 15 $; une fois acceptée, l'inscription est valable deux ans (à renouveler en cas de changement de situation) ou jusqu'à la date d'expiration du passeport.

Les Canadiens n'ont aucune formalité spécifique à effectuer (pas d'ESTA requis) ; ils doivent juste se munir d'un passeport valide pour séjourner jusqu'à 6 mois aux États-Unis.

Attention, les citoyens concernés par le VWP qui se sont rendus en Iran, Irak, Libye, Somalie, Soudan, Syrie, ou Yémen depuis le 1er mars 2011 devront dorénavant faire une demande de visa, de même que les personnes de nationalité iranienne, soudanaise, irakienne ou syrienne.

Visas requis

Vous devrez faire la demande d'un visa auprès d'une ambassade ou d'un consulat américains dans votre pays d'origine si :

- Vous n'êtes pas ressortissant d'un pays relevant du VWP.
- Vous souhaitez séjourner plus de 90 jours.
- Vous souhaitez travailler ou étudier aux États-Unis.

Handicapés

Boston s'efforce d'accueillir au mieux les personnes handicapées : bordures de trottoir abaissées, toilettes accessibles en fauteuil roulant et rampes dans les bâtiments publics. Cependant, les rues, trottoirs et édifices anciens ne sont pas toujours bien équipés.

- Les principaux musées sont généralement accessibles en fauteuil, certains proposent des programmations et des visites spéciales pour les voyageurs handicapés.
- La plupart des circuits se font en véhicules adaptés aux fauteuils roulants. Les circuits pédestres comme le Freedom Trail sont aussi accessibles, mais les édifices historiques ne le sont pas toujours.
- Les bus MBTA sont accessibles, mais les trains et stations ne le sont pas forcément. Consultez le MBTA Accessibility (www.mbta.com/accessibility) pour plus de détails. Les ferries pour les îles de la baie de Boston sont tous accessibles.

Heures d'ouverture

Banques 8h30-16h lun-ven ; parfois 8h30-18h ven et/ou 9h-12h sam.

Bars et clubs Jusqu'à minuit tlj et souvent jusqu'à 1h ou 2h ven et sam.

Entreprises 9h-17h ou 18h lun-ven.

Restaurants De 11h ou 11h30 à 21h ou 22h ; petit-déj à partir de 7h ; certains ferment entre 14h30 et 17h30.

Magasins De 10h ou 11h à 17h lun-sam ; parfois 12h-17h dim. Horaires plus étendus pour les grands quartiers commerçants et les centres commerciaux.

Jours fériés

Nouvel An 1er janvier

Fête de Martin Luther King Jr 3e lundi de janvier

Presidents Day (anniversaire de George Washington) 3e lundi de février

Evacuation Day (commémore l'évacuation des troupes britanniques de Boston) 17 mars

Patriot's Day (anniversaire des premières batailles de la guerre d'Indépendance) 3e lundi d'avril

Memorial Day (jour des morts au champ d'honneur) dernier lundi de mai

Bunker Hill Day 17 juin

Fête de l'Indépendance 4 juillet

Labor Day (fête du Travail) 1er lundi de septembre

Columbus Day (commémore la découverte de l'Amérique par Christophe Colomb) 2e lundi d'octobre

Veterans Day (fête des anciens combattants) 11 novembre

Thanksgiving 4e jeudi de novembre

Noël 25 décembre

LGBTQ+

Dynamiques et extraverties, les communautés gays sont visibles partout à Boston, notamment dans le South End et à Jamaica Plain.

Les événements LGBTQ+ ne manquent pas, des spectacles de drag-queens aux soirées lesbiennes.

Le plus grand événement de l'année pour la communauté gay et lesbienne de Boston est la **Boston Pride** (www.bostonpride.org), une semaine de parades, de fêtes et de festivals en juin.

On trouve d'excellentes sources d'information sur la communauté gay et lesbienne locale.

Bay Windows (www.baywindows.com) est un hebdomadaire pour lecteurs LGBTQ+.

Edge Boston (www.edgeboston.com) est la branche bostonienne du réseau national de publications (nouvelles et divertissements) pour les lecteurs LGBTQ+.

Offices du tourisme

Le Boston Common Information Kiosk (p. 61), point de départ du Freedom Trail et de nombreux autres circuits, fournit des cartes et toutes sortes d'informations touristiques.

Le site Internet du **Greater Boston Convention & Visitors Bureau** (www.bostonusa.com) est riche en informations touristiques.

Le Boston Harbor Islands Pavilion (p. 89) vous dira tout ce qu'il faut savoir pour organiser votre visite des Boston Harbor Islands.

Le Cambridge Visitor Information Kiosk (plan p. 140, E4 ; ☎617-441-2884 ; www.cambridge-usa.org ; Harvard Sq ; 🕘9h-17h lun-ven, 9h-13h sam-dim ; Ⓣ Harvard) donne des informations détaillées sur les événements qui ont lieu à Cambridge.

Le Massachusetts Office of Travel & Tourism (www.massvacation.com) donne des informations sur les événements et activités à travers l'État.

Le National Park Service Visitors Center (p. 82) propose abondance d'informations sur les sites du Freedom Trail. On trouve un autre NPS Visitors Center au Charlestown Navy Yard (p. 36).

Sécurité

Boston est une ville relativement sûre et les touristes sont rarement pris pour cibles.

Les taux de criminalité sont plus élevés dans les quartiers périphériques de Boston.

Téléphone

Tous les numéros états-uniens comportent un indicatif à 3 chiffres, suivi d'un numéro local à 7 chiffres. Composez toujours l'indicatif des États-Unis ☎1 + les 10 chiffres. Pour les appels longue distance, composez le 1, l'indicatif de zone, puis le numéro à 7 chiffres.

Indicatifs de zone

- Boston ☎617
- Banlieue de Boston ☎781
- North Shore ☎978
- South Shore ☎508
- Indicatif pour les États-Unis ☎1
- **Indicatif international** ☎011

Toilettes

- Les toilettes sont généralement propres dans les musées, les grands hôtels, les restaurants, les centres commerciaux et les grands magasins.
- On trouve des toilettes publiques dans les casernes de pompiers et les bibliothèques.
- Les toilettes autonettoyantes "City Toilet" (25¢) sont installées sur les sites clés de la ville.
- La ville propose une carte interactive des toilettes publiques (www.boston.gov/departments/311/public-restrooms-city-boston).

Urgences

Pour une ambulance, les pompiers ou la police, faites le ☎9111.

Langue

En raison de leur histoire et de la diversité de leur population, les Américains pratiquent, pour la plupart d'entre eux, plusieurs langues. L'anglais, parlé dans tout le pays, n'a pas été désigné comme langue officielle des États-Unis. Du fait de l'importance de la population hispanique, l'espagnol est la deuxième langue la plus parlée dans le pays.

Expressions courantes

Bonjour/salut.
Hello/Hi. hè·lo/*haï*

Au revoir.
Goodbye. goud·*baï*

Excuse(z)-moi.
Excuse me. ek·*skyouz* mi

Désolé(e).
Sorry. *so*·ri

S'il vous (te) plaît.
Please. pliiz

Merci.
Thank you. *Sank* you

Oui./Non.
Yes./No. yès/neo

Parlez-vous français ?
Do you speak french? dou you spik *frènn*·ch

Je ne comprends pas.
I don't understand. aï *dont* eunn·deur·*stand*

Comment allez-vous/vas-tu ?
How are you? hao âr you

Bien. Et vous/toi ?
Fine. And you? faïnn annd *you*

Au restaurant

Je suis végétarien(ne).
I'm vegetarian. aïm vèdjè·*teu*·rieunn

Santé !
Cheers! *tchiirz*

C'était délicieux !
That was delicious! zat woz dè·*li*·cheus

L'addition s'il vous plaît.
The bill, please. zeu bil pliiz

Je voudrais ..., s'il vous plaît.
I'd like ..., please. aïd *laïk* ...pliiz

une table pour (deux)	*a table for (two)*	eu *téï*·beul for (tou)
ce plat	*that dish*	*zat dich*
la carte des vins	*the wine list*	zeu *waïnn* liste

Shopping

Je cherche...
I'm looking for ... aïm *lou*·kiinng for ...

Combien est-ce que ça coûte ?
How much is it? *hao* meutch iz it

C'est trop cher.
That's too expensive. *zats tou* èx·*pènn*·siv

Pouvez-vous baisser le prix ?
Can you lower the price? kann you lao·wèr zeu *praïs*

Urgences

Au secours !
Help! hèlp

Appelez un médecin !
Call a doctor! kôl eu *dok*·teur

Appelez la police !
Call the police! kôl zeu po·*liis*

Je suis perdu(e).
I'm lost. aïm lost

Je suis malade.
I'm sick. aïm sik

Où sont les toilettes ?
Where's the bathroom? wèrz zeu *bass*·roum

Heure et chiffres

Quelle heure est-il ?
What time is it? wat *taïm* iz it

Il est (1/13) heure(s).
It's (one am/pm) o'clock. its (wann èï·èm/pi·èm) ok·*lok*

matin	*morning*	*mor*·ninng
après-midi	*afternoon*	af·teur·*noun*
soir	*evening*	*iv*·ninng
hier	*yesterday*	*yès*·teu·dèï
aujourd'hui	*today*	tou·*dèï*
demain	*tomorrow*	tou·*mo*·ro

1	*one*	wann
2	*two*	tou
3	*three*	srii
4	*four*	fôr
5	*five*	faïv
6	*six*	six
7	*seven*	*sè*·veunn
8	*eight*	eït
9	*nine*	naïnn
10	*ten*	tèn

Transports et orientation

Où est ...?
Where's ...? wèrz ...

Quelle est l'adresse ?
What's the adress? wats zi a·*drès*

Pouvez-vous me montrer (sur la carte) ?
Can you show me (on the map)? kann you *chô* mi (onn zeu *map*)

Un billet pour ..., s'il vous plaît.
One ticket for ... please. wann *ti*·kèt for ... pliiz

À quelle heure part le bus/le train ?
What time does the bus/train leave? wat *taïm* daz zeu beus/tréïn liiv

Je voudrais un taxi.
I'd like a taxi. aïd laïk eu *tak*·si

Ce taxi est-il libre ?
Is this taxi free? iz zis *tak*·si frii

Arrêtez-vous ici, s'il vous plaît.
Please stop here. pliiz stop hiir

Hébergement

Où puis-je trouver un hôtel ?
Where's a hotel? wèrz eu ho·*tèl*

Je voudrais réserver une chambre.
I'd like to book a room. aïd laïk tou bouk eu *roum*

J'ai une réservation.
I have a reservation. aï hav eu rè·zèr·*véï*·cheunn

En coulisses

Vos réactions ?

Vos commentaires nous sont très précieux pour améliorer nos guides. Notre équipe lit vos lettres avec la plus grande attention et prend en compte vos remarques pour les prochaines mises à jour. Pour nous faire part de vos réactions, prendre connaissance de notre catalogue et vous abonner à notre newsletter, consultez notre site **lonelyplanet.fr**

Nous reprenons parfois des extraits de notre courrier pour les publier dans nos guides ou sites Web. Si vous ne souhaitez pas que vos commentaires soient repris ou que votre nom apparaisse, merci de nous le préciser. Notre politique en matière de confidentialité est disponible sur notre site Internet.

Un mot de l'auteur

Au poète rencontré au Boston Common : merci de me rappeler qu'il y a un poème pour chaque saison et pour chaque occasion. C'est parfois un poème compliqué, voire absurde, et on en oublie les rimes, mais ça reste… un poème.

Crédits photographiques

Photographie de couverture : Charles River Sunrise © Kim Munch

Photographies p. 28-29 (de gauche à droite) : f11photo, Co Leong, Sean Pavone/Shutterstock ©

À propos de cet ouvrage

Cette 5e édition du guide *Boston en quelques jours* est une traduction-adaptation de la 4e édition de *Pocket Boston*, publiée en anglais par Lonely Planet et rédigée par Mara Vorhees. Les trois précédentes éditions ont été rédigées respectivement par Gregor Clark et Mara Vorhees.

Traduction
Giuseppe Ardiri

Direction éditoriale
Dominique Bovet

Responsable prépresse
Jean-Noël Doan

Coordination éditoriale
Jean-Victor Rebuffet

Maquette
Marie Dautet

Cartographie
Cartes originales adaptées en français par Eduardo Yanes Blanch

Couverture Adaptée en français par Laurent Briard

Merci à Dolorès Mora pour sa relecture attentive du texte.

Index

Voir aussi les index des rubriques :

Se restaurer p. 162

Prendre un verre p. 163

Sortir p. 163

Shopping p. 163

Références des **sites**
Références des **plans**

Références des **sites**
Références des **plans**

PRENDRE UN VERRE

SORTIR

SHOPPING